相続・遺産分割の手引き

監修／弁護士法人 四ツ橋総合法律事務所
著／弁護士 植松康太　弁護士 井筒 壱

TOHOSHOBO

はじめに

　私たちの法律事務所には、ご家族を亡くされた後、悲しみに暮れる間もなく、様々な手続きや遺族間のもめごとでお困りになった方々が訪ねていらっしゃいます。

　例えば、ご遺族は、ご臨終後ご遺体を搬送するため、すぐに葬儀社を決めなければいけません。あわただしく葬儀が終われば、公共料金や各種有料サービスの解約・変更手続き、住民票・健康保険・年金関係などの手続きがあります。

　そして、最も大きな問題が、「争族」の原因ともなる相続と納税に関することです。

　各種手続きについては、煩雑ではあるものの、市区町村の窓口や年金事務所などに問い合わせ、その指示にしたがって手続きをすれば、多少まごつくことはあっても、ご自分たちで特に問題なく対処することができるでしょう。

　しかしながら、相続に関しては、そういうわけにはいかないケースが多々あります。

・遺産分割について、ご遺族だけで話し合ったためによけいに話がこじれてしまった。

・遺産分割の話し合いを終えた後、新たな相続人が見つかってすべてやり直しになった。

・遺産の評価が素人には難しく正しい計算ができない。

・相続放棄の手続きを理解していなかったために借金を背負うことになった。

・ご遺族が知らないうちに、一人暮らしの実家によく出入りしていた第三者に対して全財産を相続する旨の遺言書がつくられていた。

・特定の相続人が連れてきた専門家が、その相続人が有利になるように話を進めてしまった。──等々。

　このように、相続と納税に関しては、できれば早い段階から、自ら専門家に依頼して話し合いと手続きを進めた方が良いケースが多いのです。

　そこで本書では、亡くなった直後の各種手続きなどにも触れつつ、問題が複雑化しやすい相続関係の手続きを中心に、ご遺族がお困りになることが予想されるトピックをシンプルにまとめています。

　本の中で、あまり細かな内容にまで触れていないのには、二つの理由があります。

　個別の事情は千差万別であり、各種給付金などの手続きをする際には、市区町

村の窓口や年金事務所などに相談をする必要があること。そして、相続に関しては、やはり各分野の専門家に相談をした方が確実であるからです。

　しかし、ご遺族がそれらのことを全く理解していなくてよいということはありません。亡くなった後の大まかな流れと最低限の法律知識を知っておくことは、問題に適切に対処し、判断を誤らないためにも必要なことです。

　本書は、その手助けの一助となることを願って記述したものです。

　これから相続対策をされる方も含めて、本書の内容がお役に立つことを心より願っています。

弁護士　植松 康太

弁護士　井筒 壱

目次

第 1 章　ご家族が亡くなった直後の届出と手続き

第 2 章　相続の基本

第3章　争族に陥りやすい事例と解決法

第 4 章　相続税と名義変更

第 5 章　相続対策

第 1 章

ご家族が亡くなった
直後の
届出と手続き

葬儀後の主な法要・手続きの流れ

＊葬儀など　　　　　　　　＊主な手続き

当日

ご家族の死亡	死亡診断書の受け取り

死亡届の提出

僧侶・葬祭関係者らへの依頼　　死体火葬埋葬許可証の提出

納棺

戒名の依頼

通夜

葬儀・告別式

出棺

火葬

遺骨迎え、精進落とし

初七日 (仏式)　　　　　　　カードなど各種有料サービスの
解約・喪失手続き

十日祭 (神式)

14 日

香典返し・形見分け　　　　　住民異動届 （世帯主の死亡時）
印鑑登録の申請
年金受給権者死亡届
（年金受給中の人が死亡時）

四十九日法要

忌明け

納骨　　　　　　　　　　　　遺産の概要を把握。相続か放棄かを決断

3カ月

納骨

青色申告の届出（家業を継ぐ場合）

準確定申告

4カ月

建墓・散骨

葬祭費・埋葬料の受給手続き（時効2年以内）

高額療養費の支払い請求（時効2年以内）

自賠責保険の支払い請求

（時効・死亡後3年以内）

死亡一時金の請求（時効2年以内）

死亡保険金の請求（時効3年くらいまで）

遺族年金などの支給請求（時効5年以内）

遺産の名義変更

相続税の申告と納付

10カ月

一周忌の法要(仏式)

1年

1 死亡診断書を受け取る

ここをチェック!

● ご家族が亡くなったら、通常翌日までに医師から「死亡診断書」を受け取る

● 亡くなったときの状況で書類は「死亡診断書」か「死体検案書」に分かれる（書式は同じ）

● 通常、死亡診断書は死亡届と一枚もののセットになっている

ご遺族が行う最初の手続き

　ご家族や身近な人が亡くなったとき（亡くなったと判明したとき）、医師から「死亡診断書」あるいは「死体検案書」を受け取ります。

　これらは、その人が亡くなった事由や日時、場所などが記されている書類です。

　「死亡診断書」を受け取るのは、診療継続中の病気や怪我が原因で病院や自宅などで亡くなった一般的なご臨終のケース。

　一方、「死体検案書」を受け取るのは、それ以外のケースです。例えば、不慮の事故や突然死、事件などの診療継続中の傷病とは別の原因で亡くなった場合です。

　死亡診断書を交付できるのは、医師と歯科医師のみ。死体検案書は、医師のみです。亡くなったときの状況によって（通常は翌日まで）、病院または警察（この場合は監察医）で受け取ります。

　通常、死亡診断書は、死亡届と見開き一枚もののセット（A3サイズ）になっています。見開きの右側が死亡診断書です。

ここに注意!

コピーを5枚以上とっておく

　死亡診断書は、この後の諸手続きで必要になる（コピーでも可）ため、再発行の手間とお金をかけないためにも5枚以上はコピーをとっておきましょう。

死亡診断書（死体検案書）

この死亡診断書（死体検案書）は、我が国の死因統計作成の資料としても用いられます。かい書で、できるだけ詳しく書いてください。

氏　名		1 男 2 女	生年月日	明治　昭和 大正　平成　　　　年　　　月　　　日 〔生まれてから30日以内に死亡したと〕午前・午後　　時　　分 〔きは生まれた時刻も書いてください〕

生年月日が不詳の場合は、推定年齢をカッコを付して書いてください。

死亡したとき	平成　　　年　　　月　　　日　午前・午後　　時　　分

夜の12時は「午前0時」、昼の12時は「午後0時」と書いてください。

死亡したところ 及びその種別	死亡したところの種別	1 病院　2 診療所　3 介護医療院・介護老人保健施設　4 助産所　5 老人ホーム　6 自宅　7 その他
	死亡したところ	番　地 　　　　　　　　　　　　　　　　　番　号
	（死亡したところの種別1～5） 施設の名称	

「5老人ホーム」は、養護老人ホーム、特別養護老人ホーム、軽費老人ホーム及び有料老人ホームをいいます。

死亡したところの種別で「3介護医療院・介護老人保健施設」を選択した場合は、施設の名称に続けて、介護医療院、介護老人保健施設の別をカッコ内に書いてください。

死亡の原因		（ア）直接死因		発病（発症） 又は受傷か ら死亡まで の期間	
◆ I欄、II欄ともに疾患の終末期の状態としての心不全、呼吸不全等は書かないでください	I	（イ）（ア）の原因			
		（ウ）（イ）の原因		◆年、月、日等の単位で書いてください ただし、1日未満の場合は、時、分等の単位で書いてください（例：1年3か月、5時間20分）	
◆ I欄では、最も死亡に影響を与えた傷病名を医学的因果関係の順番で書いてください		（エ）（ウ）の原因			
◆ I欄の傷病名の記載は各欄一つにしてください	II	直接には死因に関係しないがI欄の傷病経過に影響を及ぼした傷病名等			
ただし、I欄が不足する場合は（エ）欄に残りを医学的因果関係の順番で書いてください	手術	1 無　2 有	部位及び主要所見	手術年月日	平成 昭和　　年　月　日
	解剖	1 無　2 有	主要所見		

傷病名等は、日本語で書いてください。
I欄では、各傷病について発病の型（例：急性）、病因（例：病原体名）、部位（例：胃噴門部がん）、性状（例：病理組織型）等もできるだけ書いてください。

妊娠中の死亡の場合は「妊娠満何週」、また、分娩中の死亡の場合は「妊娠満何週の分娩中」と書いてください。産後42日未満の死亡の場合は「妊娠満何週産後満何日」と書いてください。

I欄及びII欄に関係した手術について、術式又はその診断名と関連のある所見等を書いてください。紹介状や伝聞等による情報についてもカッコを付して書いてください。

死因の種類	1 病及び自然死 外因死　不慮の外因死〔2 交通事故　3 転倒・転落　4 溺水　5 煙、火災及び火焔による傷害 　　　　　　　　　　　　　6 窒息　7 中毒　8 その他 　　　　　　その他及び不詳の外因死（9 自殺　　10 他殺　　11 その他及び不詳の外因） 12 不詳の死

「2 交通事故」は、事故発生からの期間にかかわらず、その事故による死亡が該当します。
「5 煙、火災及び火焔による傷害」は、火災による一酸化炭素中毒、窒息等も含まれます。

外因死の追加事項	傷害が発生したとき	平成・昭和　　年　月　日　午前・午後　時　分	傷害が発生したところ	都道府県 市　区 郡　町村
	傷害が発生したところの種別	1 住居　2 工場及び建築現場　3 道路　4 その他（　　）		
◆伝聞又は推定情報の場合でも書いてください	手段及び状況			

「1 住居」とは、住宅、庭等をいい、老人ホーム等の居住施設は含まれません。

傷害がどういう状況で起こったかを具体的に書いてください。

生後1年未満で病死した場合の追加事項	出生時体重　　　　　グラム	単胎・多胎の別 1 単胎　2 多胎（　子中第　子）	妊娠週数　　満　　週
	妊娠・分娩時における母体の病態又は異状 1 無　2 有〔　　　〕　3 不詳	母の生年月日 昭和 平成　　年　月　日	前回までの妊娠の結果 出生児　　　　人 死産児　　　　胎 （妊娠満22週以後に限る）

妊娠週数は、最終月経、基礎体温、超音波計測等により推定し、できるだけ正確に書いてください。
母子健康手帳等を参考に書いてください。

その他特に付言すべきことがら

上記のとおり診断（検案）する 〔病院、診療所若しくは介護老人保健施設等の名称及び所在地又は医師の住所〕	診断（検案）年月日　平成　　年　月　日 本診断書（検案書）発行年月日　平成　　年　月　日 　　　　　　　　　　　　　番　地 　　　　　　　　　　　　　番　号
（氏名）　　　医師	印

13

2 葬儀社を選ぶ

● ゆっくり検討する時間はないが、葬儀社は複数社に直接問い合わせて、会社や担当者との相性や実績、説明内容などから納得できる業者を選ぶ

● 葬儀費用の相場は約 196 万円のデータあり。一般葬、家族葬、1 日葬、直葬などがある

● ご遺族が「どんなふうに送りたいのか」という方針をハッキリ決め、複数の関係者が参加して葬儀社とよく相談する

葬儀社を選ぶ際に考慮すべきこと

　生前に葬儀社を決めていなかった場合は、ご遺体を病院から自宅などに搬送する必要があるため、早急に葬儀社を決める必要に迫られます。その際、病院から葬儀社を紹介されるケースもあります。

　時間もなく、混乱した状況ではありますが、費用の安さだけで決めたり、一社だけで決めるのではなく、複数の業者の中から、内容、実績、価値観、相性、コミュニケーション、知人の口コミなどに鑑みて、できる限り納得のいく選び方をしたいものです。

　国民生活センターの報告などを参考に、業者選びや打ち合わせの場面で、ご遺族側が注意すべきことをまとめてみました。

葬儀社を選ぶ際のポイントとご遺族が心がけるべきこと

【選ぶ際のポイント】

・担当者はきちんと丁寧にコミュニケーションをとってくれるか？

・質問への回答は具体的でわかりやすいか？

・細部の料金や追加料金が発生する場合などをきちんと説明しているか？

・実績があるか？　葬祭ディレクター * がどのくらいいるか？

・「お金をかけられない」などの相談に、いくつかの選択肢を提示しながら親身に相談に乗ってくれるか？

・知人からの評判はどうか？

＊葬祭ディレクター

　葬祭ディレクターとは、厚生労働大臣が認定する技能審査の一つで、試験は葬祭ディレクター技能審査協会が行います。受験資格は、1級が「葬祭実務経験を5年以上有する者、または平成29年度以前に2級合格後2年以上葬祭実務経験を有する者」、2級が「葬祭実務経験を2年以上有する者」となっています。この資格がなくても葬祭業には従事できますが、葬儀担当者の知識や技能のレベルを判断する際の目安となっています。

【打ち合わせの際にご遺族が心がけるべきこと】

・葬儀社との契約や打ち合わせには複数の関係者が立ち会う。

・数社から同じ条件の見積もりを取り、適正な相場を確認しているか？

・希望や総額の予算などをハッキリ伝える。

・葬儀社の説明をきちんと聞く。わからないことはそのままにせず、ご遺族が誰かに聞いて確認するようにする。

・広告にある「基本プラン」の料金ではなく、葬儀全体の予算がいくらになるか確認しておく（会葬者の人数によって高額になる項目もある）。

・納得できるまで相談や打ち合わせを行う。

葬儀費用の相場は一社だけの情報をあてにしない

　日本消費者協会のデータでは、葬儀にかかる総額の平均は約196万円となっています（第11回『葬儀についてのアンケート調査』報告書　2017年）。

　親しい人だけに案内する家族葬、通夜と告別式を分けずに1日で済ます1日葬、葬儀は行わず直接火葬だけ行う直葬もあり、これらは一般葬儀よりも安くなります。ただし、一般葬と家族葬の違いは、会葬者の数の差であり、受け取る香典の額を考慮すると、実質的に両者に負担金額の差はそれほどないともいえます。

　葬儀にかかる費用を例示しましたが、平均というのは必ずしも実態を反映しているとは限らないので注意が必要です。大きな葬儀があれば平均値は上がりますし、親しい人だけに告知する家族葬など、できるだけ費用をかけないスタイルも増えてきています。経験者の話としては「もっと安い」との声も多くあります。

　葬儀費用をめぐるトラブルの原因として多いのは、協力業者への支払いも含めた葬儀全体にかかる費用と、純粋に葬儀社に支払う費用の違いを利用者が理解

していない（説明が足りない）ケースです。

　そういったこともあって、「思わぬ追加料金を後から請求された」といった話も後をたちません。ご遺族はきちんと要望を伝えたうえで、見積もりの明細や追加料金の可能性などについて、きちんと話し合っておく必要があります。

■葬儀費用のイメージ

	一般葬	家族葬	1日葬	直葬
飲食接待費など	多	少	△	－
寺 （お布施など）	△	△	△	△
葬儀費用 （遺体搬送費用、スタッフ人件費、祭壇、棺、遺影、ドライアイスなど）	△	△	△	△
香典	多	少	△	－

一般葬と家族葬の違いは、会葬者の数。
飲食接待費などは会葬者の人数でも変わってくるが、その分、香典も多くなるので、実質的費用はそれほど変わらないとも言える。費用の差は主に葬儀内容の差。
※図表の△はご遺族の意向によって異なる項目。

相続人が立て替えた通夜・葬儀の費用は領収書を保管しておく

　葬儀費用については故人名義の預金から支出することもできますし（銀行ごとに引き出し手続きが必要）、相続人が立て替えて支払いをすることも多くあります。
　いずれの場合も、遺産分割協議の際に必要になりますので、支払金額がわかるよう領収書を保管しておくようにしてください。

3 死亡届を提出する

● 「死亡届」は亡くなったことを知った日から７日以内に提出する

● 後日、手続きに必要になるのでコピーを５枚以上とっておく

● 葬儀社などに代行を頼むことが多い

死体火葬埋葬許可申請書と一緒に提出

死亡診断書（死体検案書）を受け取ったら、死亡の事実を知った日から７日以内に死亡診断書と一緒に「死亡届」を提出しなければいけません。

提出先は、亡くなった人の死亡地か本籍地、または、届出人の住所地の市区町村です。

ただし、国外で亡くなったときには、死亡の事実を知った日から３カ月以内が提出期限になります。

死亡届は、通常は「死体火葬埋葬許可申請書」と同時に提出します。

提出後、「死体火葬埋葬許可証」が交付されますので、これにより亡くなった人の火葬埋葬ができるようになります。

以上の通りとなりますが、この時期はご家族が亡くなった直後の混乱の最中ですから、一般的に、死亡届の提出は葬儀社に代行してもらうことが多いです。

後日、必要になるのでコピーをとっておく

死亡診断書（死体検案書）と死亡届は、その後の各種手続きで必要になるので、５枚以上コピーをとっておきましょう。

最近流行している「消せるボールペン」をうっかり使わないようにしましょう。これは後述する他の書類でも同様です。

死 亡 届

平成　　年　　月　　日届出

長殿

受理 平成　年　月　日	発送 平成　年　月　日
第　　　　　号	
送付 平成　年　月　日	長印
第　　　　　号	

書類調査	戸籍記載	記載調査	調査票	附票	住民票	通知

記入の注意

（よみかた）				
氏　　　名	氏　　　　　名		□男　□女	
生 年 月 日	年　　月　　日	生まれてから30日以内に死亡したときは生まれた時刻も書いてください。	□午前　□午後 時　分	
死亡したとき	平成　　年　　月　　日	□午前 □午後	時　　　分	
死亡したところ			番地 番　　号	
住　　　所 （住民登録をしているところ）		世帯主 の氏名	番地 番　　号	
本　　　籍 （外国人のときは国籍だけを書いてください）		筆頭者 の氏名	番地 番	
死亡した人の 夫 ま た は 妻	□いる（満　　歳）　　いない（□未婚　□死別　□離別）			
死亡したときの 世帯のおもな 仕　事　と	□1.農業だけまたは農業とその他の仕事を持っている世帯 □2.自由業・商工業・サービス業等を個人で経営している世帯 □3.企業・個人商店等（官公庁は除く）の常用勤労者世帯で勤め先の従業者数 が1人から99人までの世帯（日々または1年未満の契約の雇用者は5） □4.3にあてはまらない常用勤労者世帯及び会社団体の役員の世帯（日々または1年未満の契約の雇用者は5） □5.1から4にあてはまらないその他の仕事をしている者のいる世帯 □6.仕事をしている者のいない世帯			
死亡した人の 職業・産業	（国勢調査の年…　年…の4月1日から翌年3月31日までに届出をするときだけ書いてください） 職業　　　　　　　　　　　　　産業			
そ の 他				

届 出 人	□1.同居の親族　□2.同居していない親族　□3.同居者　□4.家主　□5.地主 □6.家屋管理人　□7.土地管理人　□8.公設所の長　□9.後見人 □10.保佐人　□11.補助人　□12.任意後見人		
	住所		番地 番　　号
	本籍	番地 番	筆頭者 の氏名
	署名　　　　　　印　　　年　　月　　日生		

事 件 簿 番 号	

日中連絡のとれるところ

電話（　　　　）

自宅　勤務先　呼出（　　　方）

記入の注意欄（右側）:

鉛筆や消えやすいインキで書かないでください。
死亡したことを知った日からかぞえて7日以内に出してください。
死亡者の本籍地でない役場に出すときは、2通出してください（札幌市内に提出する場合は、1通で結構です。）。2通の場合でも、死亡診断書は、原本1通と写し1通でさしつかえありません。

「筆頭者の氏名」には、戸籍のはじめに記載されている人の氏名を書いてください。

内縁のものはふくまれません。

□には、あてはまるものに☑のようにしるしをつけてください。

死亡者について書いてください。

届け出られた事項は、人口動態調査（統計法に基づく基幹統計調査、厚生労働省所管）、がん登録等の推進に関する法律に基づく全国がん登録（厚生労働省所管）にも用いられます。

chapter.1

4 死体火葬埋葬許可証を受け取る

ここをチェック!

● 死亡届は「死体火葬埋葬許可申請書」と同時に提出し、その場で「死体火葬埋葬許可証」を受け取る
● 火葬埋葬ができるのは、原則、死亡時刻より 24 時間以上経ってから
● 葬儀社などに代行を頼むことが多い

火葬埋葬ができるのは原則 24 時間後から

　一般的に、死亡届は「死体火葬埋葬許可申請書」（市区町村の窓口でもらえます）と同時に提出し、「死体火葬埋葬許可証」を受け取ります。

　これにより、亡くなった人の火葬埋葬ができるようになります。

　法律により、火葬埋葬ができるのは、死亡時刻より 24 時間以上経ってからです。ただし、妊娠 7 カ月に満たない死産のとき、エボラ出血熱など感染症の病原体に汚染された疑いのあるときは例外となります。

　一連の手続きは葬儀社に代行してもらうことが多いです。

　なお、「死体火葬埋葬許可証」は火葬を終えた後、証明印とともに火葬場から返却され、納骨するときに使用します。

ここに注意!

死体火葬埋葬許可証は大切に保管する

　紛失した場合、5 年以内であれば死亡届を提出した市区町村に申し出れば再発行してもらえますが、5 年を過ぎているときには、市区町村への申し出に火葬場で火葬証明書を入手する手間が加わります。

ご臨終

⬇

医師から死亡診断書（死体検案書）を受け取る

葬儀社を選び、葬儀の準備

⬇

死亡届と死体火葬埋葬許可申請書を提出する

⬇

死体火葬埋葬許可証を受け取る

⬇

火葬場に死体火葬埋葬許可証を提出する

⬇

火葬場から死体埋葬許可証を受け取る（提出した書類に証明印をもらう）

⬇

墓地に死体埋葬許可証を提出する

⬇

納骨

■各種手続きの際に必要な主な証明書

・法定相続情報一覧図の写し　……　158 ページ参照

・戸籍謄本（戸籍全部事項証明書）

・除籍謄本（生存者のいない閉じた戸籍）

・住民票

・除住民票（死亡などで住民登録が除かれた後の住民票）

・印鑑証明書

・身分証明書（運転免許証、パスポート、マイナンバーカードなど）

死　体　火　葬　許可申請書
　　　　埋　葬

死 亡 者 の 本 籍					
死 亡 者 の 住 所					
死 亡 者 の 氏 名			性 別	男 ・ 女	
出 生 年 月 日	年　　月　　日		年 齢		歳
死　　　　　　因	1　1類感染症等　　2　そ　の　他				
死 亡 日 時	年　　月　　日　午 前後　　時　　分				
死 亡 場 所	市　　　　区				
火 葬 埋 葬　場　所	里塚・山口・市外				
申請者	住　　所				
	氏　　名				
	死亡者との 続柄		電　話		
申 請 年 月 日	年　　　月　　　日				
(あて先)札幌市　　　　区長					

注1　火葬又は埋葬の別、性別、死因及び死亡日時は該当する部分に○をつけて
　　ください。
　2　死体は、死後24時間を経過しなければ火葬（埋葬）することができませ
　　ん。ただし、死因が1類感染症等の場合は、この限りでありません。
　　　「1類感染症」
　　エボラ出血熱、クリミア・コンゴ出血熱、痘そう、南米出血熱、ペスト、マールブル
　　グ病、ラッサ熱
　　　「2類感染症」
　　急性灰白髄炎、結核、ジフテリア、重症急性呼吸器症候群(病原体がコロナウイルス
　　属SARSコロナウイルスであるものに限る。）、鳥インフルエンザ(病原体がインフル
　　エンザウイルスA属インフルエンザAウイルスであってその血清亜型がH5N1である
　　ものに限る。）
　　　「3類感染症」
　　コレラ、細菌性赤痢、腸管出血性大腸菌感染症、腸チフス、パラチフス
　　　「新型インフルエンザ等感染症」
　　感染症の予防及び感染症の患者に対する医療に関する法律第6条第7項第1号に規定す
　　る新型インフルエンザ、同項第2号に規定する再興型インフルエンザ
備考　この様式により難いときは、この様式に準じた別の様式を用いることができ
　　る。

chapter.1

5 年金受給を停止する

ここをチェック！

● 年金を受給していた人や受給待機中の人が亡くなったときは停止の手続きをする

● 国民年金は 14 日以内、厚生年金は 10 日以内が期限

● 日本年金機構にマイナンバーが収録されている場合は原則的に届出を省略できる

年金受給者の場合は未支給年金の請求を

　亡くなった人が年金受給者あるいは受給待機者だった場合、国民年金は 14 日以内、厚生年金は 10 日以内に「年金受給権者死亡届（報告書）」を年金事務所か街角の年金相談センターに提出する必要があります。

　ただし、日本年金機構にマイナンバーが収録されている場合は、原則的に届出を省略できます。

　年金受給者の場合は未支給年金の請求をします（30 ページ参照）。

　また、年金の被保険者や受給権者が亡くなった場合、ご遺族は、遺族基礎年金や死亡一時金、遺族厚生年金など、それぞれのケースによって受け取れる給付金があります（49 ページ参照）。市区町村の担当窓口か年金事務所に相談してみてください。

ここに注意！

亡くなった後も受給を放っておくことは不正

　年金受給者の場合、期日までの届出がなされず、亡くなった後も年金が支払われ続けた場合、ご遺族には返還の義務があります。思いのほか金額が大きくなることもありますし、そもそも亡くなった後も受給を放っておくことは不正となるので注意しましょう。

■年金受給権者死亡届（報告書）

国民年金・厚生年金保険・船員保険・共済年金
年金受給権者死亡届（報告書）

届書コード	処理区分コード	届書
8501		

※基礎年金番号（10桁）で届出する場合は、左詰めでご記入ください。

死亡した受給権者

❶ 個人番号（または基礎年金番号）および年金コード	個人番号（または基礎年金番号）		年金コード（複数請求する場合は右の欄に記入）	
❷ 生 年 月 日	明治・大正・昭和・平成・令和　　　年　　　月　　　日			
㋑（フリガナ）氏　　名	(氏)　　　　　　　　　　　　　(名)			
❸ 死亡した年月日	昭和・平成・令和　　　年　　　月　　　日			送信

届出者

❹（フリガナ）氏　名	(氏)　　　　　　　　(名)　　　　　　㊞	❺ 続柄	※続柄
※❻ 未支給　有　無	❼ 郵 便 番 号 　—　　　　㋐ 電 話 番 号 　—　—		
❽（フリガナ）住　所	※住所コード　　　　　　市区町村		送信

◎ 未支給の年金・保険給付を請求できない方は、死亡届（報告書）のみ記入してください。

◎ 死亡届のみを提出される方の添付書類
　　１．死亡した受給権者の死亡の事実を明らかにすることができる書類
　　　（個人番号（マイナンバー）が収録されている方については不要です）
　　　・住民票除票（コピー不可）
　　　・戸籍抄本
　　　・死亡診断書（コピー可）　　　などのうち、いずれかの書類

　　２．死亡した受給権者の年金証書
　　　年金証書を添付できない方は、その事由について以下の項目に○印を記入してください。

（事由）

ア、	廃棄しました。　　　　　（　　　年　　月　　日）
イ、	見つかりませんでした。今後見つけた場合は必ず廃棄します。
ウ、	その他（　　　　　　　　　　　　　　　　　）

㋔ 備　　考	

市区町村受付年月日	実施機関等受付年月日

令和　　年　　月　　日　提出
年金事務所記入欄
※遺族給付同時請求　有［有］・無
※未支給請求　有・無

23

6 世帯主を変更する

● 世帯主が亡くなったら、世帯主変更届（住民異動届）を出す

● 家族構成から新しい世帯主が明白なときには届出の必要はない

● 提出期限は亡くなってから14日以内

世帯主が亡くなった場合は……

　世帯主だったご家族が亡くなった場合、世帯主変更届あるいは住民異動届を、亡くなってから14日以内に提出しなければいけません。届け出るのが遅くなった場合は過料が科される可能性もあります（5万円以下）。

　ただし、遺されたのが配偶者一人、あるいは、「配偶者と15歳未満の子供」のように、新しい世帯主になる人が明らかな家族構成の場合、届出は必要ありません。

　なお、窓口に届け出る人が代理人の場合には委任状が必要です（同一世帯の人の場合は不要。同じ場所に住んでいても別世帯の人の場合は必要）。

■届出か必要なケースと不要なケース

・残された世帯に属する人が1人 → 不要

・残された世帯に属する人が、「配偶者と15歳未満の子供」→ 不要

・残された世帯に属する人が、「配偶者と15歳以上の子供」→ 必要

世帯主が変わると……

　世帯主が変わると国民健康保険など各種手続きが改めて必要になることがあるので、自治体の窓口で確認しましょう。

7 健康保険証を返却する

● 亡くなった人が国民健康保険、後期高齢者医療制度の加入者なら14日以内に市区町村に届け出る

● 亡くなった人が被用者保険の加入者ならすみやかに勤務先に連絡する

● 亡くなった人が世帯主、扶養者の場合、ご家族の手続きも必要になる

医療保険者の種類によって手続きが変わる

日本に在住している人はすべて、次の3つのいずれかの医療保険に加入しています。

①自営業者やフリーランス、無職者、学生などが加入している「国民健康保険」

②サラリーマンや公務員など給与収入を得る人が加入している「健康保険、共済保険」

③75歳以上の人が加入する「高齢者保険（後期高齢者医療制度）」

■医療保険制度の概要

自営業者など	国民健康保険
サラリーマンなど	全国健康保険協会（協会けんぽ） 健康保険組合
公務員など	共済組合
75歳以上	後期高齢者医療制度

亡くなった人が①の国民健康保険に加入していた場合、「国民健康保険資格喪失届」を14日以内に市区町村に届け出ます。

また、亡くなった人が被用者保険に加入していた場合、亡くなったことをすみやかに勤務先に連絡します（事業主が5日以内に届出をする）。

同時に、国民健康保険加入者なら葬祭費の請求をしておくとよいでしょう（健康保険、共済保険の場合は埋葬料）（33ページ参照）。

亡くなったのが世帯主などの場合は……

　亡くなった人が世帯主の場合や、扶養家族がいる場合、翌日からご家族の健康保険証が使えなくなります。

　国民健康保険の場合、ご家族の分の保険証も返したうえで世帯主の変更を行い、新しい保険証を受け取ります。健康保険の場合、他のご家族（被用者保険者）の扶養に入るか、国民健康保険に加入する必要があります。

8 高額療養費の請求をする

ここをチェック!

● 生前、毎月の医療費が規定の自己負担の上限を超える高額になっていた場合、高額療養費として払い戻しを受けられる

● 申請の時効は診療月の翌月1日から2年

● 高額療養費はご本人が亡くなった後でもご遺族が請求できる

高額療養費制度とは

　高額療養費とは、家計における医療費の自己負担を抑えるため、医療機関や薬局の窓口で支払う1カ月（1日から末日まで）の医療費が上限額を超えたとき、その超えた額を後から支給する制度です。上限額は、年齢や所得に応じて定められています。

　上限を超えた医療費は、ご本人が亡くなった後でも亡くなった人の法定相続人が請求できます。

　申請の期限は、診療月の翌月1日から2年以内。国民健康保険と後期高齢者医療制度の加入者は、市区町村へ。また、健康保険加入者（サラリーマンなど）は、協会けんぽ、健康保険組合へ提出します。

保険外治療や差額ベッド代などは対象外

　ただし、医療費が高額になったといっても、保険外治療や差額ベッド代などは請求の対象になりません。

■自己負担上限額

＜70歳以上の人の上限額（平成30年8月診療分から）＞

	適用区分
現役並み	年収約 1,160 万円～ 標準報酬月額 83 万円以上／課税所得 690 万円以上
	年収約 770 万円～約 1,160 万円 標準報酬月額 53 万円以上／課税所得 380 万円以上
	年収約 370 万円～約 770 万円 標準報酬月額 28 万円以上／課税所得 145 万円以上
一般	年収 156 万～約 370 万円 標準報酬月額 26 万円以下／課税所得 145 万円未満等
住民税非課税等	Ⅱ 住民税非課税世帯
	Ⅰ 住民税非課税世帯 （年金収入 80 万円以下など）

注 1つの医療機関等での自己負担（院外処方代を含む）では上限額を超えないときでも、
同じ月の別の医療機関等での自己負担を合算することができる。この合算額が上限額を超
えれば、高額療養費の支給対象となる。

＜69歳以下の人の上限額＞

適用区分	ひと月の上限額（世帯ごと）
年収約 1,160 万円～ 健保：標準報酬月額 83 万円以上 国保：旧ただし書き所得 901 万円超	252,600 円 ＋（医療費 － 842,000）× 1 ％
年収約 770 ～約 1,160 万円 健保：標準報酬月額 53 万～ 79 万円 国保：旧ただし書き所得 600 万～ 901 万円	167,400 円 ＋（医療費 － 558,000）× 1 ％
年収約 370 ～約 770 万円 健保：標準報酬月額 28 万～ 50 万円 国保：旧ただし書き所得 210 万～ 600 万円	80,100 円 ＋（医療費 － 267,000）× 1 ％
～年収約 370 万円 健保：標準報酬月額 26 万円以下 国保：旧ただし書き所得 210 万円以下	57,600 円
住民税非課税者	35,400 円

外来（個人ごと）	ひと月の上限額（世帯ごと）	多数回該当の場合
	252,600円＋（医療費－842,000）×1%	140,100円
	167,400円＋（医療費－558,000）×1%	93,000円
	80,100円＋（医療費－267,000）×1%	44,400円
18,000円（年14万4千円）	57,600円	44,400円
8,000円	24,600円	適用無し
8,000円	15,000円	適用無し

＊世帯合算……ひとり1回分の窓口負担では上限額を超えない場合でも、複数の受診や、同じ世帯にいる他の人（同じ医療保険に加入している人に限る）の受診について、窓口でそれぞれ支払った自己負担額を1カ月単位で合算することができる。その合算額が一定額を超えたときは、超えた分を高額療養費として支給する。 ※ただし、69歳以下の方の受診については、2万1千円以上の自己負担のみ合算される。

＊多数回該当……過去12カ月以内に3回以上、上限額に達した場合は、4回目から「多数回」該当となり、上限額が下がる

多数回該当の場合
140,100円
93,000円
44,400円
44,400円
24,600円

注 1つの医療機関等での自己負担（院外処方代を含む）では上限額を超えないときでも、同じ月の別の医療機関等での自己負担（69歳以下の場合は2万1千円以上であることが必要）を合算することができる。この合算額が上限額を超えれば、高額療養費の支給対象となる。

9 未支給年金を請求する

● この制度を知らないために請求していないケースもある

● 年金は 2 カ月分後払いなので、最低 1 カ月分は未支給年金が発生する

● 提出期限は受給権者の年金の支払日の翌月の初日から 5 年

未支給年金は必ず発生する

　亡くなった人が年金受給者の場合、ご遺族は亡くなった月の分までの年金を受け取ることができます。

　年金は、2 カ月分ずつ、偶数月の原則 15 日に《前月分まで》のものが支給されます。つまり、亡くなった人は、必ず最低 1 カ月分の未支給分が発生するわけです。

受け取ることのできる人は?

　亡くなった人の未支給年金を受け取れる範囲と優先順位は、①配偶者、②子、③父母、④孫、⑤祖父母、⑥兄弟姉妹、⑦その他の 3 親等内の親族（曽祖父母、伯叔父母、曽孫、甥姪）、の順となります。ただし、亡くなったときに生計を同じくしていなければいけません。

　亡くなった人と請求する人が同一世帯ではない場合には、「生計同一についての別紙の様式」を添付します。

　必要書類や請求書の提出先は、加入していた保険によって異なります。

　国民年金の請求は、「未支給【年金・保険給付】請求書」を、年金事務所あるいは住所地の市区町村の年金担当窓口に。

　一方、厚生年金の請求は、年金事務所または年金相談センターへ提出します。

■未支給年金が発生するしくみ

＜偶数月の上旬に亡くなった人の場合＞

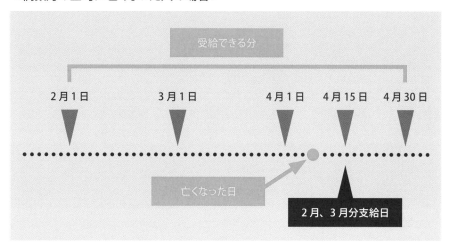

4月初旬に亡くなった場合、まだ受け取っていなかった2月分、3月分、4月分を請求すれば未支給年金として受け取ることができる。

 時効は5年

　提出期限は受給権者の年金の支払日の翌月の初日から5年。

　また、支給金は受け取った人の一時所得になります。支給金を受け取る年分に一時所得の合計が50万円以下の場合、確定申告は不要です。

様式第514号

二次元コード

国民年金・厚生年金保険・船員保険・共済年金

未支給【年金・保険給付】請求書

※基礎年金番号（10桁）で届出する場合は、左詰めでご記入ください。

45	46	48

死亡された方

死亡した受給権者

❶ 個人番号（または基礎年金番号）および年金コード

個人番号（または基礎年金番号）

年金コード（複数請求する場合は右の欄に記入）

❷ 生年月日　明治・大正・昭和・平成・令和　　年　　月　　日

⑦（フリガナ）　氏　名　(氏)　　　(名)

❸ 死亡した年月日　昭和・平成・令和　　年　　月　　日

◆ 死亡した方が（厚生年金保険・船員保険・統合共済等）の年金以外に共済組合等で支給する共済年金も受給していた場合、あわせて共済の未支給年金（未済の給付）の請求を希望しますか。※共済年金と国民（基礎）年金のみ受けている方は、別途共済組合等に請求が必要です。　　はい　・　いいえ

○○○「個人番号または基礎年金番号・年金コードが不明なときは、年金事務所の窓口でご相談ください。
→「記入上の注意」などをよく読んでから記入してください。
※「印欄は、記入しないでください。

請求される方

請求者

❹（フリガナ）　氏　名　(氏)　　　(名)　㊞　❺続柄　※続柄

❼　郵　便　番　号　　⑦　電　話　番　号

❽（フリガナ）　※住所コード　住　所　　　出区市町村

⑦　年金受取機関　（フリガナ）
1. 金融機関（ゆうちょ銀行を除く）　口座名義人
2. ゆうちょ銀行（郵便局）　氏　名

年金送金先

金融機関　金融機関コード　支店コード　銀行金庫信組農協漁信連信組　本店支店出張所本所支所　預金種別　口座番号（左詰めで記入）
※　　　　　※　　　　　　　　　　　　　　　　　　　1. 普通　2. 当座

ゆうちょ銀行　貯金通帳の口座番号　記号（左詰めで記入）　番号（右詰めで記入）　金融機関またはゆうちょ銀行の証明　※
請求者の氏名フリガナと口座名義人氏名フリガナが同じであることを確認してください。　印

支払局コード　※

⑪ 受給権者の死亡当時、受給権者と生計を同じくしていた次のような人がいましたか。

配偶者	子	父 母	孫	祖 父 母	兄弟姉妹	その他3親等内の親族
いる・いない	いる・いない	いる・いない	いる・いない	いる・いない	いる・いない	いる・いない

死亡した方が三共済（JR、NTT、JT）・農林共済年金に関する共済年金を受けていた場合に記入してください。

⑦　死亡者からみて、あなたは相続人ですか。（相続人の場合には、続柄についても記入してください。）　　　（続柄）　　　はい　・　いいえ

⑦　備　考

請求される方で、別世帯の配偶者または子の場合

㋖ 別世帯となっていることについての理由書

次の理由により、住民票上、世帯が別となっているが、受給権者の死亡当時、その者と生計を同じくしていたことを申立します。（該当の理由に○印をつけてください。）

請求者氏名　　　　　　　　㊞

理由
1. 受給権者の死亡当時、同じ住所に二世帯で住んでいたため。（請求者が配偶者または子である場合であって、住民票上、世帯が別であったが、住所が同じであったとき。）
2. 受給権者の死亡当時は、同じ世帯であったが、世帯主の死亡により、世帯主が変更されたため。

死亡した受給権者と請求者の住所が住民票上異なっているが、生計を同じくしていた場合は「別居していることについての理由書」などが必要となります。用紙が必要な方は、「ねんきんダイヤル」またはお近くの年金事務所などに問い合わせてください。

詳しくは1ページの未支給【年金・保険給付】請求書の「この請求書に添えなければならない書類」をご覧ください。

市区町村受付年月日

実施機関等受付年月日

令和　　年　　月　　日　提出

年金事務所記入欄
※遺族給付同時請求　有（　）・無
※死亡届の添付　有・無

10 葬祭費の支給申請をする

● 亡くなった人が国民健康保険あるいは被用者保険（健康保険、共済保険）に加入していた場合、給付金を受け取れる

● 請求先・支給規定は、各自治体、それぞれの保険種類によって異なる

● 請求の時効は2年

国民健康保険の場合

　亡くなった人が国民健康保険に加入していた場合、葬儀の喪主は葬祭費を受け取ることができます。

　請求先は、亡くなった人の住所地の自治体。金額は自治体ごとに異なり、2万～8万円程度です。自治体によっては、併せて他の給付金が受け取れる場合もあります。

　請求の時効は、葬祭を行った日の翌日から2年です。

健康保険、共済保険の場合

　亡くなった人が被用者保険に加入する会社員や公務員などの場合、被保険者が業務外の理由で亡くなったときには、喪主は「埋葬料」5万円を受け取ります（各組合によって付加金あり）。また、被扶養者であるご家族が亡くなったときには、被保険者は「家族埋葬料」5万円を受け取ります。

　被保険者によって生計を維持されていた人（家族）がいない場合、実際に葬儀を行った人に、埋葬料の範囲内の実費が埋葬費として支給されます。

　ちなみに、業務上や通勤途中の出来事が原因で亡くなった場合、労災を申請したうえで、労災保険から「葬祭料」と「遺族補償年金（あるいは遺族補償一時金）」を受け取ります。

国民健康保険葬祭費支給申請書

受付番号＿＿＿＿＿＿

(提出先) 大阪市長

次のとおり葬祭費の支給を申請します。資格の認定に必要な公簿を閲覧されることに異議はありません。

※以下、太線の枠内のみ記入してください。

申請者		申請日 令和 年 月 日
〒 －		
住 所 大阪市 区		
(フリガナ)		電話番号 － －
氏名印		

処理欄
受 付
資格確認

死亡した被保険者氏名	左記被保険者の死亡した日
(昭・平・令 年 月 日生)	平成・令和 年 月 日
個人番号	上記申請者が葬祭を行った日
被保険者証 記号(阪国) 番号( )	平成・令和 年 月 日
申請者との続柄	

※個人番号は、国民健康保険に加入後3か月以内に死亡した場合等に記入してください。

支給決定欄	支給方法	死体火葬(埋葬)許可証	係 長
□ 50,000円支給	□ 口座振替 □ 区役所銀行派出所の窓口払 左記のとおり決定し、申請者あて通知します。	事実確認 交付市区町村 第 号	担当者確認印
□ 不 支 給	決裁欄 課長 課長代理 係長 係員	その他	

上記葬祭費の支払については、次の私名義の預金口座に口座振替されるよう依頼します。

振込先金融機関名		預金種目	口座番号 (右詰めでご記入ください)
銀 行 信用金庫 信用組合	支店	□ 普通預金 □ 当座預金 □ 貯蓄預金	
金融機関コード〔 〕	店番号〔 〕	(フリガナ) 口座名義	

※口座振替を選択しない方のみ領収時に記入してください。

葬祭費領収書

受付番号＿＿＿＿＿＿

様	領収日 令和 年 月 日
住 所 大阪市 区	
受取人 氏名印	
次のとおり受け取りました。金 円 ただし、被保険者	に係る葬祭費

(給 702)

ここに注意!

退職後も亡くなったのが3カ月以内なら請求できる

在職中だけではなく、退職して3カ月以内に亡くなった場合にも、請求すれば給付金を受け取ることができます。

ただし、国民健康保険の葬祭費との重複受給はできません。

chapter.1
11
希望者は復氏届か
姻族関係終了届を提出する

> **ここをチェック！**

● 遺された配偶者は旧姓に戻す（復氏する）かどうかを自由に決められる

● 復氏届を出しただけでは、亡くなった配偶者の血族との姻族関係及び権利と扶養の義務は残る

● 亡くなった配偶者の血族との姻族関係を終わらせるためには、姻族関係終了届の届出が必要

復氏届

　配偶者が亡くなり、婚姻によって姓を変えていた人は、「復氏届」を出すことで旧姓に戻すことができます。提出先は住所地か本籍地の市区町村です。提出期限はありません。

　ただし、これによって姓が変わるのはご本人だけで子供はそのままです。子の姓を変更する場合は、子の氏の変更許可申立書を家庭裁判所に提出します。

　また、この届出だけでは、亡くなった配偶者の血族との姻族関係は終了しないため、権利と扶養の義務は残ります。

姻族関係終了届

　姻族関係を終了させるためには、姻族関係終了届の届出が必要です。

　この届出においても、姻族関係が終了するのはご本人だけで子供はそのままです。

　どちらが良いのか悪いのか判断に迷っている人は、専門家に相談するなどして、メリットとデメリットなどをじっくり検討するとよいでしょう。姻族関係終了届も提出期限はありません。

復 氏 届

令和　　年　　月　　日届出

　　　　　　　　長 殿

受 理 令和　　年　月　　日	発 送 令和　　年　　月　　日
第　　　　　　　号	
送 付 令和　　年　月　　日	長 印
第　　　　　　　号	

書類調査	戸籍記載	記載調査	附　票	住民票	通　知	

（よみかた）				
復氏する人の 氏　　　名	氏	名		年　　　月　　　日生
住　　　所 ［住民登録をして いるところ］			番地 番　　　　　号	
	世帯主 の氏名			
本　　　籍			番地 番	
	筆頭者 の氏名			
復　す　る　氏 父 母 の 氏 名 父母との続き柄	氏（よみかた）	父	続 き 柄	
			□男	
		母	□女	
復氏した後の 本　　　籍	□もとの戸籍にもどる　　□新しい戸籍をつくる　　　（よみかた）			
		番地 番	筆頭者 の氏名	
死亡した配偶者	氏名	年　　　月　　　日死亡		

そ の 他	

届 出 人 署 名 押 印	印

住定年月日	・　　・	日中連絡のとれるところ 電話（　　　） 自宅　勤務先　呼出（　　　方）

姻族関係終了届

令和　年　月　日届出

長　殿

受理 令和　年　月　日	発送 令和　年　月　日
第　　　　　号	
送付 令和　年　月　日	長　印
第　　　　　号	
書類調査　戸籍記載　記載調査	

（よみかた）			
姻族関係を終了させる人の氏名	氏　　　　名		年　　月　　日生
住　　　所 〔住民登録をしているところ〕		番地 番　　　号	
	世帯主の氏名		
本　　　籍		番地 番	
	筆頭者の氏名		
死亡した配偶者	氏名	年　　月　　日死亡	
	本籍	番地 番	
	筆頭者の氏名		
そ の 他			
届出人署名押印		印	

日中連絡のとれるところ

電話（　　　）

自宅　勤務先　呼出（　　　方）

37

12 各種サービスの 解約・名義変更をする

自動引き落としや課金されるものに注意

手続きを忘れていると自動引き落としや課金が継続をされてしまうものもあります。

以下に、速やかに手続きをした方がよい代表的なものを挙げておきます。正確な手続き方法は、各サービス企業や自治体などに問い合わせてください。

◎公共料金 → 電気・ガス会社、水道局などへ連絡

◎固定電話 → 電話会社へ連絡 （＊電話加入権は相続財産になる）

◎携帯電話 → 携帯電話会社の販売店へ出向く

◎インターネットプロバイダ契約 → プロバイダへ連絡

◎クレジットカード → クレジットカード会社へ連絡 （＊未払金があれば相続放棄していない限り、ご遺族が支払う）

◎各種有料会員サービス、有料アプリ → 各サービスを提供する企業に連絡

◎借家、借地 → 民間住宅の場合は不動産管理会社あるいは大家さんへ。公営住宅の場合は管理サービス事務所や住宅管理センターに相談

◎シルバーパス → 市区町村へ返却

◎パスポート → 最寄りのパスポートセンターへ返却 (＊放っておいても自然消滅する)

◎運転免許証 → 最寄りの警察署へ返却 (＊放っておいても自然消滅する)

デジタル資産もチェックする

　仮想通貨などのデジタル資産についても、取引している可能性がある場合は、デバイス内の通信記録などから利用している取引所に連絡し確認します。

　また、電子新聞、電子コミック、動画配信、各種アプリ、セキュリティソフトなど、パソコンやスマホで登録している有料会員サービスを解約します。

　利用者が亡くなった後は、その連絡を受けた時点まで課金される可能性もあるので、クレジットカードの請求書や銀行口座の引き落とし記録などから登録状況を確認し、速やかにカスタマー窓口に連絡するとよいでしょう。

ここに注意！

デジタル資産、ネット系サービスはパスワード解除に苦労することも

　亡くなった人がクラウド上に保存していた写真や動画などのデータ、あるいは、ホームページやブログなどをご遺族が長く保存しておきたいというケースもあります。

　その場合も故人の設定した複数のパスワードを解除する必要がありますし、保存先などが課金サービスの場合、そのままにしておくと口座凍結によって解約となり、データが永久に消えてしまう可能性もあります。

　上記、いずれのケースでも、パスワードがわからない場合は早めにサービス提供会社やデバイスのメーカー、あるいは IT の専門業者などに相談するとよいでしょう。

chapter.1

13 生命保険の請求をする

ここをチェック!

● 亡くなった人が加入している保険会社がわかっている場合、保険会社に速やかに連絡する（電話でよい）

● 遺品を整理しても保険証券がなく、加入しているかどうかわからない場合、郵便物や通帳の明細などから調べる。保険金請求の時効は亡くなってから3年

● 生命保険は契約形態によって納める税金の種類が変わる

生命保険金を受け取るには

生命保険に加入している場合、保険会社に連絡をして次のような手順で死亡保険金の請求手続きをします。

生命保険の契約形態によって税金の種類が変わる

生命保険の死亡保険金は、契約者（保険料を払う人）、被保険者（亡くなった人）、受取人の設定によって税金の払い方が変わります。

■生命保険の契約形態と納める税金の種類

契約者 （保険料を払う人）	被保険者 （亡くなった人）	受取人 （保険金を受け取る人）	税金の種類
A	A	Aの法定相続人のB	相続税
A	B	A	所得税
A	B	Bの法定相続人ではないD	贈与税

※契約者がA、被保険者がA、受取人がAの法定相続人ではないCの場合は相続税の非課税特典＊はなし。

＊非課税特典

生命保険の非課税特典とは、相続人が死亡保険金を受け取る場合に「500万円×法定相続人の人数」が非課税になる制度のこと（法定相続人数には相続を放棄した者も含む）。

■死亡保険金を受け取る流れ

亡くなる

⬇

保険契約者か保険金受取人が生命保険会社に連絡する

⬇

生命保険会社から必要書類の案内と請求書を受け取る

⬇

保険証券に書かれている保険金受取人が請求手続きをとる。

・請求書

・被保険者の住民票

・受取人の戸籍抄本

・受取人の印鑑証明

・医師の死亡診断書または死体検案書

・保険証券（紛失していても保険金は給付される）

⬇

生命保険会社が支払いの可否を判断

⬇

支払い

必要書類（必要事項が完備されたもの）が生命保険会社に届いた日の翌日から原則5営業日以内に支払われる。ただし、免責事由・告知義務違反に該当する可能性があり、確認が必要な場合は45日以内。

（参考＝生命保険文化センター・ホームページ）

chapter.1

14 故人の確定申告を行う

ここをチェック!

● 確定申告が必要な人は、亡くなった場合でも申告・納税が必要

● 期限は相続の開始があったことを知った日の翌日から4カ月以内

● 医療費の還付を受けられることもある

準確定申告とは

　所得税は、毎年1月1日から12月31日までに生じた所得をもとに税額を算出し、翌年2月16日から3月15日までの間に申告・納税をすることが義務付けられています。

　確定申告が必要な人が亡くなった場合、生前の収入に関して申告・納税しなければならないのは同じです。

　この場合、1月1日から亡くなった日までに確定した所得金額と税額を、相続人等（包括受遺者を含む）が、相続の開始があったことを知った日の翌日から4カ月以内に確定申告と納税を行います。

　これを準確定申告といい、各相続人等の氏名、住所、亡くなった人との続柄などを記入した付表を付けた「準確定申告書」を、亡くなった人の死亡当時の納税地の税務署長に提出します。

　亡くなった人が多くの医療費を払っていた場合、医療費控除の還付金があることもあります。

■準確定申告が必要になる人の例

・自営業者

・不動産所得を得ていた人

・給与所得者で収入金額が 2000 万円を超えていた人

・2 カ所以上から給与を受けていた人

・給与所得、退職所得以外の所得が 20 万円を超えていた人 　　　など

ケースによっては 2 年分の申告が必要

　その年の確定申告前に亡くなった場合、2 年分の準確定申告が必要になります。例えば、2020 年 2 月 10 日に亡くなった場合は、まだご本人が 2019 年分の確定申告をしていません。そのため、相続人等は 2019 年分と 2020 年 2 月 10 日までの 2 年分の確定申告をする必要があります。

　また、故人の所得税を納付した相続人は、その額が相続財産から差し引かれます。逆に、還付金があった場合、その分が相続税の対象となります。

| | | FA0124 |

平成 ___年分の 所得税及び復興特別所得税 の 申告書B

___年___月___日

税務署長

第一表（平成三十年分以降用）

復興特別所得税額の記入をお忘れなく。

| 住所 又は事業所事務所居所など | 〒 |
| 平成1月1日の住所 | |

個人番号	
フリガナ	
氏名	
性別 職業	男 女
屋号・雅号	
世帯主の氏名	
世帯主との続柄	
生年月日	
電話番号	自宅・勤務先・携帯

（単位は円） 種類 特農の表示 整理番号

収入金額等	事業	営業等	⑦				税金の計算	課税される所得金額（⑨−㉕）又は第三表	㉖		000
		農業	⑦					上の㉖に対する税額又は第三表の⑨	㉗		
	不動産		⑦					配当控除	㉘		
	利子		⑦						㉙		
	配当		⑦					（特定増改築等）住宅借入金等特別控除	㉚		00
	給与		⑦					政党等寄附金等特別控除	㉛〜㉝		
	雑	公的年金等	⑦					住宅耐震改修特別控除 住宅特定改修・認定住宅新築等特別税額控除	㉞〜㊲		
		その他	⑦					差引所得税額（㉘−㉙−㉚−㉛−㉝−㊲−㊳）	㊳		
	総合譲渡	短期	⑦					災害減免額	㊴		
		長期	⑦					再差引所得税額（基準所得税額）（㊳−㊴）	㊵		
	一時		⑦					復興特別所得税額（㊵×2.1%）	㊶		
所得金額	事業	営業等	①					所得税及び復興特別所得税の額（㊵＋㊶）	㊷		
		農業	②					外国税額控除	㊸		
	不動産		③					所得税及び復興特別所得税の源泉徴収税額	㊹		
	利子		④					所得税及び復興特別所得税の申告納税額	㊺		
	配当		⑤					所得税及び復興特別所得税の予定納税額（第1期分・第2期分）	㊻		
	給与		⑥					所得税及び復興特別所得税の第3期分の税額（㊺−㊻）	納める税金	㊼	00
	雑		⑦						還付される税金	㊽	
	総合譲渡・一時 ⑦＋｛(⑦＋⑦)×½｝		⑧								
	合計		⑨				その他	配偶者の合計所得金額	㊾		
所得から差し引かれる金額	雑損控除		⑩					専従者給与(控除)額の合計額	㊿		
	医療費控除		⑪					青色申告特別控除額	51		
	社会保険料控除		⑫					雑所得・一時所得等の所得税及び復興特別所得税の源泉徴収税額の合計額	52		
	小規模企業共済等掛金控除		⑬					未納付の所得税及び復興特別所得税の源泉徴収税額	53		
	生命保険料控除		⑭					本年分で差し引く繰越損失額	54		
	地震保険料控除		⑮					平均課税対象金額	55		
	寄附金控除		⑯					変動・臨時所得金額	56		
	寡婦、寡夫控除		⑱			0000	延納の届出	申告期限までに納付する金額	57		00
	勤労学生、障害者控除		⑲〜⑳			0000		延納届出額	58		000
	配偶者(特別)控除		㉑〜㉒			0000	還付される税金の受取場所	銀行・金庫・組合・農協・漁協			本店・支店・出張所・本所・支所
	扶養控除		㉓			0000		郵便局名等			
	基礎控除		㉔			0000		預金種類	普通・当座・納税準備・貯蓄		
	合計		㉕					口座番号記号番号			

| 税理士署名押印 電話番号 | | ㊞ |
| | − − | |

| 区分 | A | B | C | D | E | F | G | H | I | J | K |
| 異動 | | | | | | | | | | | |

| 整理欄 | 管理 | | | 名簿 | | | 補完 | | | 確認 | |

| 税理士法第30条の書面提出有 | 税理士法第33条の2の書面提出有 | |

平成 ___ 年分の 所得税及び復興特別所得税 の確定申告書B

整理番号 ☐☐☐☐☐☐☐☐　FA0078

| 住　　所 |
| 屋　　号 |
| フリガナ |
| 氏　　名 |

○ 所得の内訳（所得税及び復興特別所得税の源泉徴収税額）

所得の種類	種目・所得の生ずる場所又は給与などの支払者の氏名・名称	収入金額	所得税及び復興特別所得税の源泉徴収税額
		円	円
	44 所得税及び復興特別所得税の源泉徴収税額の合計額		円

○ 雑所得（公的年金等以外）、総合課税の配当所得・譲渡所得、一時所得に関する事項

所得の種類	種目・所得の生ずる場所	収入金額	必要経費等	差引金額
		円	円	円

○ 特例適用条文等

○ 事業専従者に関する事項

事業専従者の氏名	個　人　番　号	続柄	生　年　月　日	従事月数・程度・仕事の内容	専従者給与（控除）額
			明・大 昭・平 　.　.		
			明・大 昭・平 　.　.		

○ 住民税・事業税に関する事項

住民税

	氏　名	個　人　番　号	続柄	生年月日	別居の場合の住所	
同一生計配偶者				平　.　.		給与・公的年金等以外の所得に係る住民税の徴収方法の選択
16歳未満の扶養親族				平　.　.		都道府県市区町村分 寄附金税額控除 住所地の共同募金、日赤支部分 都道府県条例指定分 市区町村条例指定分
				平　.　.		
配当に関する住民税の特例		非居住者の特例		配当割額控除額	株式等譲渡所得割額控除額	

事業税

非課税所得など	番号	所得金額	損益通算の特例適用前の不動産所得		前年中の開（廃）業 開始・廃止 月日
不動産所得から差し引いた青色申告特別控除額			事業用資産の譲渡損失など		他都道府県の事務所等

別居の控除対象配偶者・控除対象扶養親族・事業専従者の氏名・住所	氏名 住所		所得税で控除対象配偶者などとした専従者	氏名 給与		一連番号

○ 所得から差し引かれる金額に関する事項

⑩雑損控除	損害の原因	損害年月日	損害を受けた資産の種類など
	損害金額 円	保険金などで補填される金額 円	差引損失額のうち災害関連支出の金額 円

| ⑪医療費控除 | 支払医療費等 | 円 | 保険金などで補填される金額 | 円 |

⑫社会保険料控除	社会保険の種類	支払保険料	⑬小規模企業共済等掛金控除	掛金の種類	支払掛金
		円			円
	合計			合計	

⑭生命保険料控除	新生命保険料の計	円	旧生命保険料の計	円
	新個人年金保険料の計		旧個人年金保険料の計	
	介護医療保険料の計			

| ⑮地震保険料控除 | 地震保険料の計 | 円 | 旧長期損害保険料の計 | 円 |

| ⑯寄附金控除 | 寄附先の所在地・名称 | | 寄附金 | 円 |

⑰～⑲寡婦、寡夫、勤労学生、障害者控除	□ 寡婦（寡夫）控除　□勤労学生控除 □死別 □生死不明 学校名 □離婚 □未帰還

| ⑳配偶者（特別）控除 | 氏　名 | |

㉑～㉒配偶者（特別）控除	配偶者の氏名	生　年　月　日	□ 配偶者控除 □ 配偶者特別控除
		明・昭・平　.　.	国外居住
	個人番号		

㉓扶養控除	控除対象扶養親族の氏名	続柄	生　年　月　日	控除額
			明・大 昭・平　.　.	万円
	個人番号			国外居住
			明・大 昭・平　.　.	万円
	個人番号			国外居住
			明・大 昭・平　.　.	万円
	個人番号			国外居住
	㉓扶養控除額の合計			万円

㊿専従者給与（控除）額の合計額

○第二表は、第一表と一緒に提出してください。　○源泉徴収票、国民年金保険料や生命保険料の支払証明書など申告書に添付しなければならない書類は添付書類台紙などに貼ってください。

死亡した者の平成＿＿年分の所得税及び復興特別所得税の確定申告書付表
（兼相続人の代表者指定届出書）

（平成二十九年分以降用）　○この付表は、申告書と一緒に提出してください。

1　死亡した者の住所・氏名等				
住所	（〒　－　　）	氏名	フリガナ	死亡年月日　平成　　年　　月　　日

2　死亡した者の納める税金又は還付される税金	〔所得税及び復興特別所得税の第3期分の税額〕〔還付される税金のときは頭部に△印を付けてください。〕	円…A

3　相続人等の代表者の指定	〔代表者を指定されるときは、右にその代表者の氏名を書いてください。〕	相続人等の代表者の氏名

4　限定承認の有無	〔相続人等が限定承認をしているときは、右の「限定承認」の文字を○で囲んでください。〕	限定承認

5 相続人等に関する事項	(1)　住　　　所	（〒　－　）	（〒　－　）	（〒　－　）	（〒　－　）
	(2)　氏　　　名	フリガナ　㊞	フリガナ　㊞	フリガナ　㊞	フリガナ　㊞
	(3)　個 人 番 号				
	(4)　職業及び被相続人との続柄	職業　　続柄	職業　　続柄	職業　　続柄	職業　　続柄
	(5)　生 年 月 日	明・大・昭・平　　年　月　日	明・大・昭・平　　年　月　日	明・大・昭・平　　年　月　日	明・大・昭・平　　年　月　日
	(6)　電 話 番 号	－　－	－　－	－　－	－　－
	(7)　相続分…B	法定・指定	法定・指定	法定・指定	法定・指定
	(8)　相続財産の価額	円	円	円	円

6 納める税金等	Aが黒字のとき 各人の納付税額 A×B（各人の100円未満の端数切捨て）	00円	00円	00円	00円
	Aが赤字のとき 各人の還付金額（各人の1円未満の端数切捨て）	円	円	円	円

7 還付される税金の受取場所	銀行等の預金口座に振込みを希望する場合	銀行名等	銀行・金庫・組合・農協・漁協	銀行・金庫・組合・農協・漁協	銀行・金庫・組合・農協・漁協	銀行・金庫・組合・農協・漁協
		支店名等	本店・支店・出張所・本所・支所	本店・支店・出張所・本所・支所	本店・支店・出張所・本所・支所	本店・支店・出張所・本所・支所
		預金の種類	預金	預金	預金	預金
		口座番号				
	ゆうちょ銀行の貯金口座に振込みを希望する場合	貯金口座の記号番号	－	－	－	－
	郵便局等の窓口での受取りを希望する場合	郵便局名等				

（注）「5　相続人等に関する事項」以降については、相続を放棄した人は記入の必要はありません。

税務署整理欄	整理番号	0		0		0		0		一連番号
	番号確認 身元確認	□ 済 □ 未済		□ 済 □ 未済		□ 済 □ 未済		□ 済 □ 未済		

46

15 青色申告の手続きをする

● 事業の相続人が所得税で青色申告を希望する場合、申請手続きが必要

● 青色申告には税制上の特典がある

● 亡くなった日が1月1日〜8月31日なら提出期限は相続開始日から4カ月以内

青色申告は相続で引き継げない

　亡くなった人が行っていた事業を引き継ぐことになった人が、所得税の申告で青色申告を希望する場合、期限内に申請手続きをします。

　一定の水準で記帳を行い、正しい所得税の申告をする事業者には、「青色申告」という優遇制度があります。

　青色申告の特典の主なものは次の3つです。

①所得金額から最高65万円を控除（差し引くこと）できる。

＊ e-Taxで申告した場合など。

②配偶者などに支払う給与を必要経費に算入できる。

③前年以前3年間の赤字を順次各年分の所得金額から差し引くことができる。

　相続人が親の事業を継ぎ、この制度を利用したければ、次のように相続開始日から一定期間内に申請書を提出する必要があります。

・亡くなった日が1月1日〜8月31日　→　相続開始日から4カ月以内
・亡くなった日が9月1日〜10月31日　→　その年の12月31日まで
・亡くなった日が11月1日〜12月31日　→　翌年の2月15日まで

＊提出期限が土・日曜日・祝日等に当たる場合は、これらの日の翌日が期限となります。

| 税務署受付印 | | 1 | 0 | 9 | 0 |

所得税の青色申告承認申請書

税務署受付印					1 0 9 0

_____税務署長

_____年_____月_____日提出

	納　税　地	○住所地・○居所地・○事業所等（該当するものを選択してください。） （〒　　－　　　） (TEL　　－　　－　　)
	上記以外の 住 所 地 ・ 事 業 所 等	納税地以外に住所地・事業所等がある場合は記載します。 （〒　　－　　　） (TEL　　－　　－　　)
フ リ ガ ナ		生年月日 ○大正 ○昭和 ○平成 ○令和　年　月　日生
氏　　名	㊞	
職　　業	フリガナ 屋　号	

令和____年分以後の所得税の申告は、青色申告書によりたいので申請します。

1　事業所又は所得の基因となる資産の名称及びその所在地（事業所又は資産の異なるごとに記載します。）

名称_____　所在地_____

名称_____　所在地_____

2　所得の種類（該当する事項を選択してください。）

　○事業所得　・○不動産所得　・○山林所得

3　いままでに青色申告承認の取消しを受けたこと又は取りやめをしたことの有無

　⑴　○有（取消し・○取りやめ）　___年___月___日　　⑵　○無

4　本年1月16日以後新たに業務を開始した場合、その開始した年月日　___年___月___日

5　相続による事業承継の有無

　⑴　○有　相続開始年月日　___年___月___日　被相続人の氏名_____　⑵　○無

6　その他参考事項

　⑴　簿記方式（青色申告のための簿記の方法のうち、該当するものを選択してください。）

　　　○複式簿記・○簡易簿記・○その他（　　　　　　　　　）

　⑵　備付帳簿名（青色申告のため備付ける帳簿名を選択してください。）

　　　○現金出納帳・○売掛帳・○買掛帳・○経費帳・○固定資産台帳・○預金出納帳・○手形記入帳
　　　○債権債務記入帳・○総勘定元帳・○仕訳帳・○入金伝票・○出金伝票・○振替伝票・○現金式簡易帳簿・○その他

　⑶　その他

関与税理士			税務署整理欄	整 理 番 号	関係部門連絡	A	B	C
(TEL　－　－　)				0				
				通 信 日 付 印 の 年 月 日	確認印			
				年　　月　　日				

48

16 遺族年金を受け取る

● ご遺族は遺族年金などを受け取れる可能性がある

● 原則 18 歳までの子供がいる配偶者（妻・夫）は遺族基礎年金を受け取れる

● 厚生年金加入者のご遺族は手厚い支給を受けられる

ご遺族が受け取れる遺族年金や給付金

　遺族年金とは、国民年金（自営業者などが加入）または厚生年金（サラリーマンや公務員が加入）の加入者、あるいは、加入していた人が亡くなったときに、その人によって生計を維持されていたご遺族が受け取れる年金です。

　遺族年金は、亡くなった人の加入・納付状況や家族構成などによって、支給される年金の種類や金額が、また、受け取る人の年齢などによって受け取る年金や優先順位が変わります。

　下記の内容や図をご覧になるとわかるように、一般的に、サラリーマンや公務員が加入する厚生年金加入者のご遺族の方がより手厚い支給を受けることができます。

　次のページに、亡くなった人の年金加入状況やご遺族の要件によって受け取れる可能性のある遺族年金や給付金の概要をまとめました。それぞれ細かな受給要件がありますので、ご自分がどのような給付をどの程度受け取ることができるかは、居住地の市区町村や年金事務所へ問い合わせ、相談してください。

■遺族年金のイメージ図

遺族厚生年金	←二階建てになっており、老齢年金と同様に サラリーマンや公務員の方が手厚い
遺族基礎年金	
サラリーマン、公務員など （厚生年金）	自営業者など （国民年金）

18歳以下等の子供がいるケース

国民年金の加入者の妻・夫／子 → 遺族基礎年金

　国民年金の加入者などが受給要件（次ページの図表参照）を満たしていたとき、亡くなった人によって生計を維持されていた「子のある配偶者（事実婚関係も含む）」や「子」は遺族基礎年金を受け取れます。

　子とは次の条件に当てはまる人です。

①18歳になった年度の3月31日までの間にある子
②亡くなった当時に胎児であった子（出生以降に対象）
③20歳未満で障害等級1級または2級の障害状態にある子
④婚姻していない子

　遺族基礎年金は、以前は「母子年金」と呼ばれていた制度で、遺された子を育てるための資金として支給される性格のものです。該当する子がいない場合は、受け取ることができません。

　ただし、子のない配偶者は死亡一時金もしくは寡婦年金、また、生計を同じくしていたご遺族は死亡一時金を受け取れます（①配偶者、②子、③父母、④孫、⑤祖父母、⑥兄弟姉妹、①～⑥の中で優先順位の高い人）。

国民年金 (遺族基礎年金)		
支給要件	★	被保険者または老齢基礎年金の受給資格期間が 25 年以上ある者が死亡したとき。(ただし、死亡した者について、保険料納付済期間 (保険料免除期間を含む。) が加入期間の 3 分の 2 以上あること。)
	※	ただし令和 8 年 4 月 1 日前の場合は死亡日に 65 歳未満であれば、死亡日の属する月の前々月までの 1 年間の保険料を納付しなければならない期間のうちに、保険料の滞納がなければ受けられます。
対象者		★死亡した者によって生計を維持されていた、 (1) 子のある配偶者 (2) 子 　子とは次の者に限ります。 ・18 歳到達年度の末日 (3 月 31 日) を経過していない子 ・20 歳未満で障害年金の障害等級 1 級または 2 級の子
年金額 (令和 2 年 4 月分から)		**781,700 円 + 子の加算** 子の加算 第 1 子・第 2 子 各 224,900 円 第 3 子以降 各 75,000 円 (注) 子が遺族基礎年金を受給する場合の加算は第 2 子以降について行い、子 1 人あたりの年金額は、上記による年金額を子供の数で除した額。

◎厚生年金の加入者の妻・夫 / 子 → 遺族基礎年金 + 遺族厚生年金

　厚生年金の加入者などが亡くなり、支給要件を満たしている場合、亡くなった人によって生計を維持されていた妻・夫と子は、遺族基礎年金に加えて遺族厚生年金を受け取れます。支給される金額は、亡くなった人が受け取る老齢厚生年金の 4 分の 3 です。

厚生年金保険 (遺族厚生年金)	
支給要件	1. 被保険者が死亡したとき、または被保険者期間中の傷病がもとで初診の日から 5 年以内に死亡したとき。(ただし、遺族基礎年金と同様、死亡した者について、保険料納付済期間 (保険料免除期間を含む。) が国民年金加入期間の 3 分の 2 以上あること。) ※ただし令和 8 年 4 月 1 日前の場合は死亡日に 65 歳未満であれば、死亡日の属する月の前々月までの 1 年間の保険料を納付しなければならない期間のうちに、保険料の滞納がなければ受けられます。 2. 老齢厚生年金の受給資格期間が 25 年以上ある者が死亡したとき。 3. 1 級・2 級の障害厚生（共済）年金を受けられる者が死亡したとき。
対象者	死亡した者によって生計を維持されていた、妻、子、孫（18 歳到達年度の年度末を経過していない者または 20 歳未満で障害年金の障害等級 1・2 級の者）55 歳以上の夫、父母、祖父母 (支給開始は 60 歳から。ただし、夫は遺族基礎年金を受給中の場合に限り、遺族厚生年金も合わせて受給できる。) ※子のない 30 歳未満の妻は、5 年間の有期給付となります。 ※子のある配偶者、子（子とは 18 歳到達年度の年度末を経過していない者または 20 歳未満で障害年金の障害等級 1・2 級の障害者に限ります）は、遺族基礎年金も併せて受けられます。

死亡一時金

　国民年金の加入者で 3 年（36 カ月）以上保険料を納めた人が、老齢基礎年金・障害基礎年金を受けずに亡くなった場合、その人によって生計を同じくしていたご遺族が死亡一時金を受け取れます。

　優先順位は、①配偶者、②子、③父母、④孫、⑤祖父母、⑥兄弟姉妹、の順。

　支給額は、保険料を納めた月数に応じて、12 万〜 32 万円の間で決定されます（付加保険料を納めた月数が 36 カ月以上ある場合は 8,500 円が加算）。

　請求する場合は、居住地の市区町村へ提出します。

　ただし、ご遺族が遺族基礎年金の支給を受けられる場合、死亡一時金は受け取れません。

　また、寡婦年金と併せて受給することはできません。どちらか一方を選ぶことになります。

　時効は亡くなった日の翌日から 2 年です。

寡婦年金

　寡婦年金の受給条件は次の通りです。

・亡くなった夫が国民年金の加入者で保険料を 10 年以上（免除期間を含む）納めていた。

・夫が老齢基礎年金や障害基礎年金を受けずに亡くなったときに 10 年以上継続して婚姻関係にあった。

　この場合、妻は夫が受けるはずだった老齢基礎年金の 4 分の 3 を受給できます。

　ただし、受給できる期間は 60 歳以上 65 歳未満の間です。

　死亡一時金と併せて受け取ることはできません。

◎厚生年金の加入者の妻（65 歳未満の期間）
→ 遺族厚生年金＋中高齢寡婦加算

中高齢寡婦加算

　次の条件に当てはまる妻は、40歳から65歳になるまで中高齢寡婦加算（年額586,300円）を、遺族厚生年金に加えて受け取れます。

・夫が亡くなったとき、40歳以上65歳未満で生計を同じくしている18歳までの子などがいない妻

・遺族厚生年金と遺族基礎年金を受けていた子のある妻（40歳に到達している）が、子が18歳（＝正確には、18歳到達年度の3月31日）を超え、遺族基礎年金を受給できなくなったとき

・厚生年金の加入者の妻（夫の死亡時に30歳未満、子供なし）
　→　遺族厚生年金（5年間で支給停止）
・厚生年金の加入者の夫（妻の死亡時に55歳以上64歳まで）
　→　遺族厚生年金（60歳までは支給停止）
・厚生年金の加入者の妻（65歳以上）
　→　遺族厚生年金＋経過的寡婦加算

経過的寡婦加算

　経過的寡婦加算は、遺族厚生年金を受けている妻が65歳になったときに、それまで受け取っていた中高齢寡婦加算と同じ金額の老齢基礎年金が受け取れるように生年月日に応じて設定されているもので、次のいずれかに該当する場合、遺族厚生年金に加算されます。

・昭和31年4月1日以前生まれの妻に65歳以上で遺族厚生年金の受給権が発生したとき

・中高齢の加算がされていた昭和31年4月1日以前生まれの遺族厚生年金の受給権者である妻が65歳に達したとき

＊65歳以上で遺族厚生年金と老齢厚生年金を受ける権利がある人は、老齢厚生年金を全額受け取り、一方の遺族厚生年金は、そのうちの老齢厚生年金に相当する額の支給が停止となります。

17 児童扶養手当を請求する

● 一定の要件を満たした親、また親に代わってその児童を養育している人は、児童扶養手当を受け取ることができる

● 児童とは 18 歳に達する日以後の最初の 3 月 31 日までの子供のことなどをいう（一定の障害がある場合は 20 歳未満）

児童扶養手当の額は所得によって 2 種類

　児童扶養手当は、請求者及び扶養義務者（請求者と同居している親兄妹など）の前年あるいは前々年の所得によって受け取ることのできる額が変わります。

　一定の要件に当てはまるかどうかは市区町村に確認してください。

◎**全部支給の場合**

月額 43,160 円

2 人目 10,190 円

3 人目以降 6,110 円

◎**一部支給**

月額 43,150 円から 10,180 円

2 人目 10,180 円から 5,100 円

3 人目以降 6,100 円から 3,060 円　　　　　　　　（令和 2 年 4 月額改定）

　平成 26 年までは、公的年金を受給している人は、児童扶養手当を受給できませんでした。

　しかし、低い年金額でも児童扶養手当が支給されないことが問題となり、現在は受給している年金額が児童扶養手当額より低い場合には、その差額分を受け取ることができるようになっています。

お墓に関する
概略を知っておく

● お墓の事情は様々。それぞれに合わせたお墓の守り方やスタイルを考える

お墓にも多様化の流れ

　仏式の場合、葬儀を終えると、初七日、四十九日、納骨と法要が続きます。

　親族やお寺などとそれらの手配を早めに行っていくと同時に、お墓を持っていない方、これから改葬（移すこと）を計画している方は、お墓のことも考えていかなければいけません。

　お墓に関しては、各家族によって事情は様々。それに加えて、ライフスタイルの多様化、大都市圏への人口集中、核家族化などから、お墓に対しての価値観やお墓に関する社会的問題も従来とは変化してきているようです。

　次ページの図にお墓の種類を簡単にまとめておきましたので、参考にしてみてください。

「改葬」はお墓の引っ越し

　近年、遠方にある実家のお墓を自宅に近い霊園や納骨堂に移すケースも増えています。このように、お墓を移動させることを「改葬」といいます。改葬をするには、新しい墓地と契約後、現在のお墓のある市区町村に改葬許可申請書を提出し、改葬許可証を受け取り、これを新しいお墓の管理者に提出する手続きが必要です。

■主なお墓の種類

	メリット	デメリット
寺院内墓地	手厚い供養と管理	他と比較して費用がかかる 寺の檀家になる必要あり
公営墓地	民間と比べて低価格 倒産の可能性なし	購入倍率が高い
霊園 （民間墓地）	すぐに購入可	公営と比べると割高 倒産の可能性あり 自宅から遠く不便な場所が多い
納骨堂 （お墓のマンション）	お墓の承継者が不要 低価格 交通の便が良いことが多い	心理的な抵抗が生じやすい
自然葬	亡くなった人の意向を反映しやすい 低価格	どこでも自由に埋葬・散骨ができるわけではない

まとめ

【主な手続きのチェックリスト】

- ☐ 死亡診断書を医師から受け取る。
- ☐ 死亡届を記入して、死亡診断書と一緒に役所に提出する。
- ☐ 死体火葬埋葬許可証交付申請書を役所に提出する。
- ☐ 死体火葬埋葬許可証を火葬場に提出する。
- ☐ 死体埋葬許可証 (死体火葬埋葬許可証に証明印を押したもの) を受け取る。
- ☐ 世帯主が亡くなった場合は、世帯主変更届（住民異動届）を役所に提出する。
- ☐ 新世帯主が印鑑登録の申請をする。
- ☐ 遺された配偶者が旧姓に戻ることを希望する場合は復氏届を提出する。
- ☐ 子の姓を変更する場合は、子の氏の変更許可申立書を家庭裁判所に提出する。
- ☐ 亡くなった配偶者の血縁者との関係を解消したいと希望する場合は、姻族関係終了届を提出する。
- ☐ クレジットカードを解約する。
- ☐ 各種高齢者福祉サービスの利用登録を解約する。
- ☐ 携帯電話を解約する。
- ☐ インターネットのプロバイダ契約を解約する。
- ☐ 亡くなった人が在職中の場合などは会社への届出をする。
- ☐ 年金受給権者死亡届を提出する (国民年金受給権者が死亡した場合)。

【給付金が受けられる可能性のある主な手続き】

☐　葬祭費、埋葬料などの申請をする。

☐　業務上あるいは通勤災害で死亡した場合は、労災保険で葬祭料支給と遺族
　　補償年金支給の申請をする。

☐　高額療養費支給の申請をする。

☐　所得税の準確定申告で医療費の控除を申請する。

☐　自賠責保険で保険金支給の申請をする。

☐　生命保険で死亡保険金支給の申請をする。

☐　会社などの団体保険で死亡保険金支給の申請をする。

☐　未支給年金がある場合は、未支給年金請求書も添えて提出する。

☐　遺族年金などの申請をする。

☐　児童扶養手当支給の申請をする。

確認に便利なサイト例

◎手続き先の自治体

◎日本年金機構

◎国税庁

◎国民生活センター

◎生命保険文化センター／かんぽ生命

◎厚生労働省

第 **2** 章

相続の基本

相続「締め切りカレンダー」

相続人の確定

　相続が発生したら、まずは相続人が誰なのかを確定する必要があります。
…… 64 ページ

遺言書の確認

　遺産相続の手続きは、遺言書がある場合とない場合で大きく流れが異なります。…… 68 ページ

相続財産の調査

　遺産分割協議をするためには、遺産の内容をできる限り把握することが重要です。…… 93 ページ

相続放棄や限定承認 （相続の開始があったと知った日から3カ月以内）

　プラスの財産よりもマイナスの財産の方が多い場合、または借金の全容がはっきりわからないような場合については、相続放棄や限定承認の手続きを行うことが多いです。

　相続放棄をするとすべての財産の相続権を失うことになり、限定承認をするとプラスの財産の範囲で相続することとなります（限定承認は相続人全員での申立てが必要などの制限があります）。

　相続放棄と限定承認は、相続の開始があったと知った日から3カ月以内と期限が決められていますので十分にご注意ください。…… 104 ページ

準確定申告 （相続の開始があったと知った日の翌日から 4 カ月以内）

　その年の税務申告については、通常ですと翌年に確定申告を行いますが、ご本人が亡くなられた場合については、相続の開始があったと知った日の翌日から 4 カ月以内に相続人が手続きをする必要があります。これを「準確定申告」といいます。…… 42 ページ

遺産を分ける

遺産分割協議（遺言書がない場合）…… 99 ページ
遺留分侵害額請求（遺言書の内容に不満がある場合）…… 74 ページ

相続税申告 （相続の開始があったと知った日の翌日から 10 カ月以内）

　相続税が発生する場合については、相続の開始があったと知った日の翌日から 10 カ月以内に申告と納税をしなければなりません。相続税申告においては、節税につながる特例や控除制度がありますが、遺産分割が終わっていないと適用できないもの（配偶者控除など）もあるため、早めに遺産分割協議をまとめることが望ましいと言えるでしょう。…… 174 ページ

1 相続人の確定

● 相続人となる人のことを「法定相続人」という。法定相続人になれるのは「配偶者」と「血族」のみ

● 配偶者は常に相続人となる。優先順位と法定相続分（遺産分割における取り分の目安＝別記）は、民法で定められている

● ご家族にも伝えていない相続人がいる可能性もあるため、相続人調査は必ず戸籍によって行う

法定相続人の範囲と優先順位

相続が発生したら、まずは相続人が誰なのかを確認します。

◎**配偶者相続人**……亡くなった人の配偶者は常に相続人となります。ただし、内縁の妻など、結婚していない場合や既に離婚している場合については法定相続人にはなれません。

◎**血族相続人**……配偶者以外の相続人については、次の順位で生存している人が、《配偶者と一緒に》法定相続人となります。ただし、第2順位、第3順位の人は、それぞれ上の順位の人がいない場合に相続人となります。

第1順位 → 子供

ただし、その子供が既に亡くなっている場合は、孫や曽孫などが相続人となります（代襲相続）。子供も孫もいるときは、子供を優先します。

第2順位 → 直系尊属（親、祖父母）

ただし、親も祖父母もいるときは、親を優先します。

第3順位 → 兄弟姉妹

法定相続人については、被相続人の戸籍謄本・除籍謄本・改製原戸籍（いずれも出生から死亡まで）などを取得して確認する必要があります。

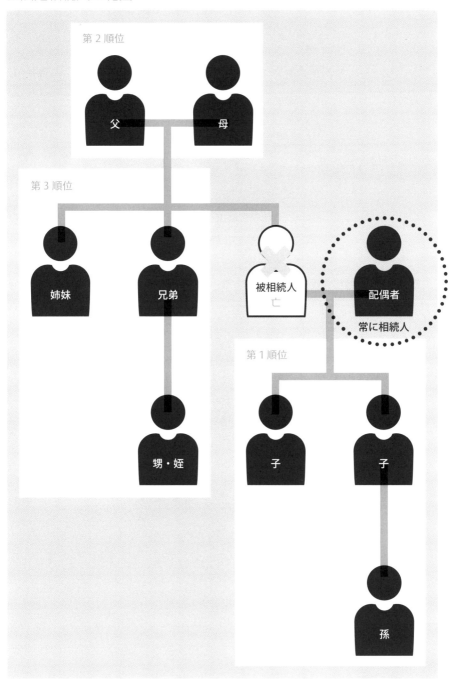

相続人調査は必ず戸籍を確認する

　亡くなった人に認知している子供や養子縁組をした子供がいて、それをご家族に内緒にしているケースもあります。そういった事実が遺産分割協議をし終わった後に判明すると、すべてやり直さなければならなくなってしまう危険性があります。相続人調査は必ず戸籍を用いて行うようにしましょう（90ページ参照）。

こんなときは？

亡くなった人に前妻との子供と後妻との子供がいる場合

　離婚や再婚をしている方については、前妻と後妻とで子供をもうけているケースがあります。また、内縁関係の間に生まれた子供や愛人との間に生まれた隠し子などの非嫡出子は、遺産相続においてどのような立ち位置になるのでしょうか。

　ポイントを整理しておきましょう。

①血のつながっている子供なら全員が法定相続人となる

　血のつながっている子供については、全員が法定相続人となる権利があります。結婚の有無は問いません。

②「非嫡出子」が相続人になるには「認知」が必要になる

　ただし、結婚していない男女間に生まれた子供（非嫡出子）については、父と子の法律上の親子関係は成立していません。父親の法定相続人となるためには「認知」という手続きが必要です（母親については親子関係が明らかなので必要ありません）。

　認知された子供は、遺産相続においても嫡出子と同じように扱われます。

　また、認知は生前だけではなく、遺言によって行うこともできますが、その場合、形式不備によって無効となったり、効力を争われる場合もあるので、弁護士への依頼のもと確実な形式で遺言を残すことが望ましいといえます。

③前妻・後妻にかかわらず子供は法定相続人となる

　法定相続人としての子供の地位があるかどうかについては、法律上の子供であるかどうかによって判断されますので、その後両親が離婚したとしても親子の関係が切れることはありません（特別養子縁組などの事情がある場合は例外あり）。

よって、前妻との間に生まれた子供も、後妻との間に生まれた子供も、どちらも法定相続人となる権利があります。

④「連れ子」を法定相続人にするには「養子縁組」手続きが必要

連れ子については血縁上の親子関係が生じているわけではないため、法定相続人にはなれません。

連れ子を法定相続人にして財産を残してあげたいという場合については、「養子縁組」という手続きをする必要があります。

養子縁組には種類がある

養子縁組とは、血のつながりのない者の間に法律上の親子関係を成立させる制度のことです。連れ子との間に親子関係を成立させる場合や、孫と養子縁組をして相続税を節税するといったケースもあります。

また、養子縁組には、元の親との関係を断ち切る特別養子縁組と元の親との関係を残す普通養子縁組があります。

特別養子縁組の場合、子が6歳未満のうちに家庭裁判所へ審判請求が必要になるため、普通養子縁組をするのが一般的です。普通養子縁組であれば、連れ子の実の父親との親子関係も維持されるため、子供は血のつながった父親と養子縁組した父親の両方の法定相続人となることができます。

養子縁組をした子供のことを「養子」といい、実子と同じ法定相続分を有することになります。

認知や養子縁組は調査しなければわからない

結婚している男女間の子供である嫡出子については、疑いの余地がありませんが、認知や養子縁組については、周りが気づいていないケースもありますので、相続が発生した際には確実に調査することが大切です。

具体的には、亡くなった人の出生から死亡までの戸籍謄本、除籍謄本、改製原戸籍などを取得することで、認知や養子縁組の有無について確認することができます。

2 遺言書の有無の確認

- 自宅や銀行の貸金庫、心当たりのある弁護士をあたる → 自筆証言遺言などの場合
- 公証役場で遺言の有無を検索する → 公正証書遺言の場合
- 遺言書がある場合はその内容に沿って「指定相続」に。ない場合は遺産分割協議によって「法定相続」になる

遺産相続の手続きは、まず遺言書探しから

遺産相続の手続きは遺言書を探すところから始めます。遺言書の有無によって、相続の手続きの流れが大きく２つに分かれるからです。

相続発生時に遺言書が発見されれば、原則として「指定相続分」の内容が優先して適用されます。

ただし、遺言執行者がいない場合において、相続人全員が合意すれば、遺言書の内容と違う取り分で遺産分割をすることも可能です。

一方、遺言書がない場合、相続人全員で遺産分割協議を行って、それぞれの相続分について決める必要があります（法定相続分）。

遺言書がある場合は、原則として遺産分割協議をする必要はありません。

後から遺言書が出てくると……

遺産分割協議をしてから遺言書が見つかると、遺産分割協議をした意味がなくなってしまいますので、相続が発生したらまず遺言書の有無を確認するよう徹底してください。

■指定相続と法定相続

　遺言書がある場合、遺言書の内容に沿って相続が執行されます。それに対して、遺言書がない場合、法定相続人が民法で定められているそれぞれの「法定相続分」を目安にして遺産分割協議を行います。

遺言書あり	遺言書なし
指定相続	法定相続 ↓ 遺産分割協議

3 遺言書がある場合

● 「公正証書遺言」以外の遺言書は「検認」の手続きが必要になる

● 遺言書を見つけた場合、むやみに開封してはいけない

● 検認により遺言書の内容が有効と認められるわけではない

見つけた遺言書の種類によって手続きが変わる

遺言書には、①自筆証書遺言、②公正証書遺言、③秘密証書遺言、の3種類があります。

①自筆証書遺言

自筆証書遺言は、亡くなった人が自分で作成した遺言です。

基本的に自分自身で保管するタイプの遺言書なので、ご本人の部屋やタンス、銀行の貸金庫などを確認します。

また、弁護士に依頼して遺言書を作成している場合、弁護士が保管している可能性もありますので、心当たりのある弁護士がいれば電話で確認しましょう。

遺言書が見つかった場合、むやみに開封してはいけません。家庭裁判所に持ち込んで「検認」という手続きをする必要があります（71ページ参照）。

※ただし、法改正により、自筆証書遺言でも一定の手続きをすれば法務局で原本を保管してもらえるようになりました。その場合、相続発生時の検認手続きも不要になるので、今後の利用者が増えると考えられます（126ページ参照）。

②公正証書遺言

公証役場で作成する公正証書遺言は、その原本は公証役場に保管されています。

相続人が公証役場に問い合わせることで、遺言書の有無について確認することが可能です。

また、もともと偽造、変造、隠蔽のリスクがないため、発見後も検認手続きをせず、すぐに遺言執行に移ることができます。

③秘密証書遺言

　遺言書の内容を完全に他人に知られたくない場合には、秘密証書遺言を自分で作成します。

　自筆証書遺言との違いは、①直筆で書かなくてもよいこと、②内容を公証人や証人にも秘密にできること、③公証人等に署名押印をもらうことや作成日当日に証人2名を連れていく必要があること、などです。

　内容を秘密にできる反面、書式不備で無効になったり、また、労力もかかることから、他の2つの遺言書に比べて作成する人は少数となっています。

「公正証書遺言」以外の遺言は「検認」手続きが必要

　自筆証書遺言が見つかった場合、「検認」の手続きが必要になります。

　検認とは、家庭裁判所に相続人や利害関係者全員を呼んで、立会のもと開封し、遺言書の形式や状態などを確認する手続きのことをいいます。検認という手続きを経ることで、遺言書という重要な証拠の保全をはかっているのです。

　遺言書を見つけると、すぐに見たくなって開封する人もいますが、見つけた遺言書については家庭裁判所に検認という手続きを申立てて開封することとなっています。

　なぜなら、遺言書が見つかってすぐに開封してしまうと、その場に立ち会っていなかった相続人から偽造、変造などを疑われる可能性があるからです。

検認手続きには概ね1カ月かかる。
また、内容についてお墨付きをもらえるわけではない

　検認手続きは、家庭裁判所に申立てをしてから概ね1カ月程度はかかります。その間は、遺言書を執行して遺産分割を進めることができません。

　また、検認は家庭裁判所で行う法的な手続きですが、あくまで遺言書の外形的な部分を確認するだけなので、そこに記載されている内容についてまで言及することはありません。

　したがって、検認手続きをしたからといって遺言書が有効というお墨付きを得たことにもなりません。

　遺言書の検認手続きだけであれば、書類さえ揃えれば相続人ご自身でもできなくはありません。ただ、検認はあくまで状態を確認するだけなので、検認を経てから遺言書の内容をめぐって相続人間で争いになることがよくあります。

　特に、一部の相続人の遺留分を侵害する内容が記載されている場合については、「遺留分侵害額請求」（74ページ参照）などの争い事に発展するリスクが高いため、関係がこじれてしまう前に弁護士に相談された方がよいでしょう。

検認手続きの主な流れ

　発見直後の遺言書については、そのままでは相続手続きの添付書類として使えません。

　家庭裁判所での検認手続きを経て、検認済証明書の発行を得ることで、相続手続き（口座名義や相続登記など）の添付書類として使えるようになります。

　検認手続きについては、概ね次のような流れです。

①検認の申立て

　遺言書が発見されたら、開封せずそのままの状態で、「亡くなった人の最後の住所地を管轄している家庭裁判所」に検認の申立てをします。申立てには、申立書の提出のほか、必要に応じて以下のような添付書類が必要になります。

・亡くなった人の死亡から出生までの戸籍謄本、除籍謄本、改製原戸籍

・相続人全員の戸籍謄本

・代襲相続人がいる場合、該当する人の戸籍謄本、除籍謄本、改製原戸籍

　　これら以外にも、必要に応じて追加で書類が必要となります。

②検認期日の通知

　　検認の申立てをすると、後日家庭裁判所から検認期日を記載した通知がすべての相続人や利害関係者に対して送達されます。検認については、必ずしも相続人と利害関係者全員が立ち会わなくても実施が可能です。

③検認当日

　　家庭裁判所において相続人と利害関係者の立ち会いのもと、遺言書を開封して確認します。問題がなければ、検認調書が作成されます。

④検認済証明書

　　遺言書の検認が無事終わると、遺言書の原本に検認済証明書が添付され、申立てした人に返還されます。

4 遺留分の確認

● 遺言書の内容がどうであろうと、法律で認められた「遺留分」（最低限の取り分）を侵害された場合は取り戻すことができる

● 遺留分が認められるのは法定相続人（亡くなった人の兄弟姉妹を除く）である

● 認められている遺留分は相続順位によって変わる

遺言書の遺産の分け方があまりに不公平な場合は遺留分を請求する

　法定相続人（兄弟姉妹を除く）には、「遺留分」という権利が認められています。なぜなら、遺言の内容によっては、一部の相続人の相続分が極端に少なくなってしまう可能性があるからです。

　民法では法定相続分のうち一定の割合を「遺留分」とし、遺言書で遺留分を侵害されたとしても、相続人が返還請求できる仕組みとなっています。一切の財産が相続できなければ、生活が立ち行かなくなる恐れもあるため、相続人保護の観点から、遺留分で最低限の相続分が保障されているのです。

　ただし、遺留分は当然に守られているわけではなく、侵害された段階で早期に手続きを取らなければなりません。

　遺言書などで遺留分を侵害する指定分割をされた場合、遺留分侵害額請求によって侵害相当額を金銭債権として取り戻すことができます（146ページ参照）。

遺留分侵害額請求には時効がある

　遺留分侵害額請求については、相続の開始及び遺留分を侵害する贈与又は遺贈があったことを知ってから1年で時効にかかってしまうため、ゆっくりしてはいられません。

■認められている遺留分は相続順位によって変わる

　遺留分は原則として、相続財産の2分の1を全体の遺留分として、相続人の間で分けることになります（直系尊属のみが相続人の場合は3分の1が遺留分となります）。

　詳しくは以下の通りです。

・相続人が配偶者のみの場合：1/2

・相続人が子供のみの場合：1/2

・相続人が配偶者と子供の場合：各 1/4

・相続人が配偶者と直系尊属（両親、祖父母など）の場合：

　　配偶者 1/3　直系尊属 1/6

・相続人が直系尊属だけの場合：1/3

※子や直系尊属については、複数名いる場合は、その人数で均等割り

遺留分侵害額請求のやり方

　遺留分侵害額請求に決められたやり方はないので、法的には口頭で請求しても問題ありません。ただ、口頭だと全く証拠が残らないので、通常は内容証明郵便など請求した期日がわかる方法で請求するのが一般的です。

遺留分侵害額請求の3つのポイント

　遺留分を請求すること自体はそこまで難しくはありませんが、そこに至るまでの準備が大変なことやトラブル性が高いことから、基本的には弁護士を通して行うことが一般的です。

　また、以下の3つのポイントに留意しながら行わなければなりません。

ポイント1：意外に短い時効

　遺留分侵害額請求は権利の時効消滅に注意しなければなりません。時効期間は以下の通りです。

・遺留分の侵害があったことを知ったときから1年

・相続開始から10年

　意外に短いことがわかるはずです。遺留分の侵害があったことがわかった時点

で速やかに着手することが重要です。

ポイント2：相続財産の評価

　遺留分侵害額請求のキモとなるのが金額の算定です。遺留分を先ほどの割合に当てはめて計算するだけであれば簡単ですが、相続財産の中には現預金だけではなく、不動産や株式等、別途評価額を計算する必要がある財産が多々あるため、侵害されている金額を正確に算定するのは専門知識を要します。そもそも計算が間違っていたら損をする可能性があるということは十分に理解しておかなければなりません。

ポイント3：遺産の範囲の把握

　遺留分を考えるときに時折出てくるのが「特別受益」の問題です。生前に特別な贈与を受けている相続人がいる場合については、その分も相続財産に持ち戻して計算をする必要があるため、特別受益を認めるかどうかによって、遺留分の金額も変わってくることになります。

遺留分減殺請求は法改正で遺留分侵害額請求に

　これまでは、侵害された遺留分を取り戻す場合、原則として侵害された現物の返還を求めることしかできませんでした。

　不動産であれば侵害している部分のみの返還しか求めることができず、侵害額に相当する金銭請求を行えなかったため、相手方が任意に応じてくれなければ非常に難しい立場に立たされていたのが今までの状態でした。

　また、現実的には不動産を分割することが難しかったり、分割することで著しく資産価値が低下するようなケースもありました。

　しかし、この度の法改正により、遺留分の返還については、現物ではなく侵害額に相当する金銭の支払いを請求できることに変わりました。今までは現物でしか請求できなかったのが、一転して金銭でしか請求できなくなります。遺留分の返還請求が金銭債権化したことで、呼び方についても「遺留分侵害額請求」となり、非常にわかりやすくなりました。

　今後は、よりスムーズに解決できる可能性が高まることが期待されています。

5 遺言書がない場合

- 遺言書がない場合、相続人全員によって遺産分割協議を行う
- ただし、その前に相続人と相続財産を確定させる必要がある
- 未成年者や胎児が相続人の場合、特別代理人が必要になる

遺産分割を始める前に相続人と相続財産を確定させる

遺言書がない場合は、相続人全員によって遺産分割協議を行い、それぞれの相続分を決定します。その際に目安となるのは、民法に定められた法定相続分です。これに特別受益（108ページ参照）や寄与分（110ページ参照）なども勘案して調整していきます。

ただし、遺産分割協議の前に、相続人と相続財産を確定させる必要があります（相続財産の調査は93ページ参照）。

法定相続分とは

相続が発生して、相続人が1人であれば遺産分割の必要はありませんが、相続人が複数いる場合については、それぞれの取り分について話し合って決める必要があります。

しかし、目安もなくゼロベースで話し合いをすると、それぞれが権利を主張し合い、話し合いがまとまらなくなることが予想されます。

そこで民法では、「法定相続分」という遺産分割における取り分の目安が定められています。法定相続分は強制ではありませんが、これを基準に遺産分割するケースが一般的です。

法定相続分は次の通りです。

- ・配偶者と子供が相続人の場合（その1）：配偶者 1/2　子供 1/2
- ・配偶者と親（直系尊属）の場合（その2）：配偶者 2/3　親 1/3
- ・配偶者と兄弟姉妹の場合（その3）：配偶者 3/4　兄弟姉妹 1/4

※子供、親、兄弟姉妹が複数名いる場合は、それぞれの法定相続分を人数で均等割り

ケース別の法定相続分 その1

（夫婦に子供2人の家族で夫が亡くなった場合）

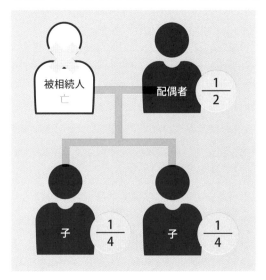

　配偶者である妻が2分の1を、2人の子供がそれぞれ4分の1ずつを相続します。

（子供のいない夫婦で夫が亡くなり、夫の両親が健在だった場合）

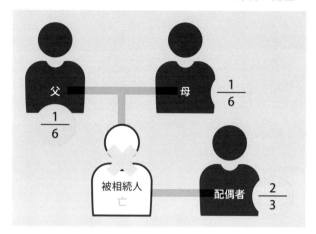

妻が3分の2、夫の両親が6分の1ずつを相続します。

（子供のいない夫婦で夫が亡くなり、夫の両親が既に故人であり、夫の弟と妹がいた場合）

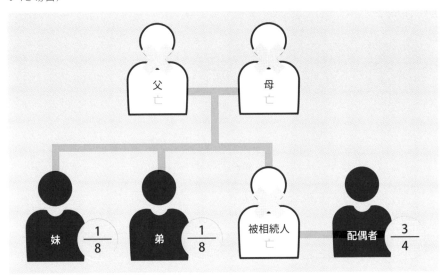

妻が4分の3、夫の弟妹がそれぞれ8分の1ずつ相続します。

なお、亡くなった人に子や孫がいた場合は、両親や兄弟は相続できません。

非嫡出子の法定相続分について

なお、結婚していない男女間に生まれた子のことを、相続では「非嫡出子」といいます。非嫡出子については、嫡出子（結婚している男女間に生まれた子）の2分の1の法定相続分しか認められていませんでした。しかし、平成25年9月の最高裁判決によって当該民法の規定が憲法に違反しているとの判断がなされ、現在では嫡出子と非嫡出子の法定相続分は同じとなっています。

相続人が亡くなっている場合、下の世代に相続権がわたる

　被相続人の子が相続発生前に亡くなっている場合、さらに子（孫）がいる場合については、孫が相続人としての地位を受け継いで相続人となります。

　このように、次の世代が相続権を承継する仕組みを「代襲相続」といい、代襲相続する人を代襲相続人（代襲者）といいます。

　相続が発生した時点で代襲相続人も死亡している場合がありますが、代襲相続人の子供（ひ孫）がいる場合については、さらにひ孫に再代襲されます。子供の代襲相続については、存命の子供がいる限り何代でも代襲相続することになります。

　代襲相続人の法定相続分は、もともとの相続人と同じです。その他権利についても全く同じなので、本来の法定相続人と同じ権利をもって遺産分割に参加することができます。

兄弟姉妹の代襲相続は1回だけ

　法定相続人となるはずだった兄弟姉妹が既に亡くなっている場合については、その子供（甥、姪）が代襲相続人となります。ただし、この場合の再代襲は発生せず、甥姪も死亡している場合についてはそこでストップとなります。

親より上の世代に相続権が繰り上がっていくことは代襲相続とは言わない

　また、親が法定相続人となるケースにおいて両親とも死亡している場合については、祖父母が法定相続人となりますが、これは代襲相続によるものではありません。

　そもそも第二順位の相続人は親ではなく「直系尊属」であり、親がいれば親、いなければ祖父母、さらにいなければ曽祖父母というように、直系尊属の中で順位が繰り上がっているだけなので、子供や兄弟姉妹のように代襲相続ではありません。

　祖父母が相続人となる場合についても、法定相続分は両親が相続する場合と同じです。

相続人が複数いる場合の代襲相続の注意点

　直系尊属については、2名のうちどちらかが存命であれば、その人が法定相続人となりますが、代襲相続の場合はちょっと違います。

　相続が発生して、長男と次男が法定相続人となるケースにおいて、長男が既に死亡しているとします。この場合、もちろん次男は法定相続人になりますが、次男単独で相続するわけではなく、長男に子供がいれば長男の子供が代襲相続人となるため、次のような法定相続分になるのです。

・次男 1/2
・長男の子供（代襲相続人）1/2

　兄弟姉妹の場合も同様で、法定相続人となる人が複数いる場合については、既に死亡している人についてのみ代襲相続が発生し、その他の法定相続人については代襲相続人と共に相続人となります。

こんなときは？

未成年や胎児、認知症の人が相続人となる場合

　遺産分割協議については、原則として相続人本人同士が話し合いを行ってお互いの相続分について決めていきますが、相続人が未成年だったり、まだ生まれる前の胎児だったりする場合については、「特別代理人」を別途立てなければなりません。

　特別代理人とは、特定の手続きを代理するためだけに選任された代理人のことで、遺産相続における特別代理人とは、ご本人に代わって遺産分割の手続きなどを行うためだけに特別に依頼する代理人のことです。

未成年者の場合

　遺産相続が発生した際、相続人の中に未成年者がいる場合については、原則として未成年者の親権者である親が代理人（法定代理人）として遺産分割協議に参加します。

しかし、未成年者が相続人となるケースにおいて、同時に親権者である親も相続人となる場合についてはこのようにはいきません。例えば、相続人が配偶者と子というケースにおいて、子が未成年の場合は親権者である親が代理人となるところですが、親が代理人になると意図的に子の相続分を減らして自分の相続分を増やすというような「利益相反行為」ができてしまうため、親とは別の第三者を特別代理人として立てなければならないのです。

　特別代理人については、未成年者が自分で選ぶわけにはいかないため、家庭裁判所に申立てをして選任してもらうことになります。

　基本的には申立ての際に特別代理人の候補者を記載して提出し、その中から家庭裁判所が選出するケースが一般的ですが、裁判所によって運用は異なるようです。

■ケース別にみる特別代理人の必要性

　子の親からすれば、できるだけスムーズに遺産分割を進めたいところ、わざわざ特別代理人を選任する手続きは避けたいと思うでしょう。では、次のようなケースでも特別代理人を立てなければならないのでしょうか。

①親が相続しない場合 ↓ 必要	子供の将来を考えて、親の相続分もすべて含めて子に遺産分割して相続させる場合、結論としては、親の相続分に関係なく特別代理人の選任が必要となります。
②親が相続放棄をする場合 ↓ 不要	法定代理人である親が先に相続放棄をした場合については、当初から相続人ではなかったことになるので、子との間に利益相反関係は生じず、親が子の代理人となることができます。
③借金の相続を回避するために相続放棄をする場合 ↓ 必要	相続財産が債務超過で、相続放棄をしないと子が借金を背負わされてしまうようなケースもありますが、そういった場合でも親が相続放棄をしないのであれば、子については特別代理人の選任が必要となります。

	結果的には子が相続放棄をした方がいいような状況だったとしても、形式的に親と子が相続人である以上は特別代理人の選任が必要になるということです。
④親子が同時に相続放棄をする場合 ↓ 原則不要	相続人である親と子両方がそろって相続放棄をする場合については、特別代理人の選任は不要です。ただし、未成年の子が複数いる場合に一部の子供について相続放棄をしたい場合については、特別代理人を選任する必要があります。

胎児の場合

　相続が発生した際に子供がまだ生まれる前で妊娠中の胎児である場合について、民法では次のように規定されています。

【民法 886 条】

・胎児は、相続については、既に生まれたものとみなす。

・前項の規定は、胎児が死体で生まれたときは、適用しない。

　よって、胎児については無事に生まれれば相続人となり、死産だった場合については相続人とはなりません。

相続人に胎児がいる場合の対応は慎重に

　相続人に胎児がいる場合については、無事に生まれてくるかどうかによって、法定相続人が変わってくるため、生まれることを前提にどんどん遺産分割協議を進めてしまうと、万が一のときにすべてやり直さなければならなくなります。

　そのため、相続人に生まれる前の胎児がいる場合、遺産分割協議や相続放棄については、胎児の出生等を確認したうえで着手する必要があります。

　胎児が無事生まれたとしても、すぐに遺産分割協議が開始できるわけではありません。胎児は当然未成年者となるため、親が相続人であれば特別代理人の選任が必要になります。

相続人が認知症の場合

　また、相続人が認知症の場合は「成年後見人」が必要です。

　相続人の中に認知症などにより意思能力が問題となる可能性がある方がいる場合は、ご本人自らが遺産分割協議に参加して意見することが難しいため、あらかじめ「成年後見人」という代理の人を選任する必要があります。昨今では、老人ホームや介護施設に入所中で、意思表示が困難なご高齢の方が相続人となるケースが増えているため、成年後見の制度についても事前に知っておくことが大切です（86 ページの解説を参照）。

解説
成年後見人をつける必要がある場合

相続人の中に判断能力が低下した者がいる場合は
「成年後見人」をつける必要がある

　相続発生後の遺産分割協議については、相続人全員の意見を反映したものでなければならないため、誰か一人でも欠ける場合は遺産分割協議が成立しません。

　また、認知症、知的障害、精神障害などの理由で判断能力が不十分な相続人がいる場合については、たとえ参加できる状況だったとしても、正常な判断が困難であることに加え、後になって成年後見人が選任されることにより遺産分割協議のやり直しを求められるという可能性もあります。

　このような場合については、事前にご本人の代理となる「成年後見人」を立てる手続きから始める必要があります。

　成年後見人とは、判断能力が不十分な人の代理人となって、財産を管理したり、契約などを行う人のことで、家庭裁判所に申立てて選任してもらう必要があります。

　成年後見人は遺産分割協議に限らず、老人ホームや介護施設への入所手続きや契約、保有している賃貸物件の家賃等の管理など、ご本人のために必要な代理行為を行う権限があるのです。

■成年後見人が必要となるケース

・相続人に認知症などの人がいる

・高齢で寝たきりの相続人がいる

・交通事故などで意識レベルが低下している相続人がいる

成年後見人となるのは親族や弁護士などが一般的

　成年後見人となるために特別な資格は必要ないので、ご本人と近い間柄の親族が選任されることもありますし、親族がいないなどの事情がある場合には弁護士などの専門職が選任されることが一般的です。

　ただし、他の相続人については、遺産分割協議にあたって利害関係が生じることとなるので、成年後見人に選任されることはないでしょう。

法定後見制度の 3 つの種類

　成年後見人をはじめとする法定後見制度については、ご本人の判断能力に応じて次の 3 つの種類があります。申立てする人が自由に選べるわけではなく、あくまでご本人の判断能力の状態に応じて、医学的な視点から判断されます。申立てにあたっては、主治医の診断書が必要になるとともに、判断が難しい場合については、別途鑑定費用が必要です。

①成年後見人
　成年後見は、認知症などの重い精神障害で判断能力が不十分な人が対象で、遺産分割協議をはじめ、ご本人の財産に関するすべての代理権を持つこととなります。成年後見人は、ご本人の同意がなくても、ご本人のために必要な判断を下すことができます。

②保佐人
　保佐は、判断能力が著しく不十分な人を対象としています。不動産の売買契約や借金など一定の行為について行う権限がありますが、成年後見人とは違いご本人の同意が必要です。ご本人が同意していなかった場合については、後から取り消すことができます。

③補助人
　補助は、一定の判断はできるものの、高度な判断が必要なケースについてだけ補助が必要な人が対象です。特定の契約などの法律行為について、同意、取り消し、代理などの権限を持ちます。

成年後見が必要な相続人がいる場合については、遺産分割協議の前に、成年後見人の申立手続きが必要となります。

申立手続きの具体的な流れは以下の通りです。

①家庭裁判所への申立て

成年後見の申立手続きには、非常に多くの書類が必要となります。必要書類はケースによって微妙に異なりますが、一般的に必要なものは以下の通りです。

・申立書
・申立人の戸籍謄本
・ご本人の戸籍謄本、住民票
・ご本人は後見等について登記されていないことの証明書
・ご本人に関する照会書、親族関係図、財産目録、収支予定表
・医師の診断書
・成年後見人の候補者となる人の住民票、陳述書、照会書
・申立書付票

これらの書類と郵券、収入印紙を準備して、ご本人の住所地を管轄している家庭裁判所に申立てをします。

②事実調査

申立人、成年後見人の候補者、ご本人等が家庭裁判所に呼ばれ、調査官から事情などについて質問されます。申立手続きを法律事務所に依頼した場合、弁護士が同席することも可能です。

事実調査の状況によっては、後日精神鑑定が行われる場合もあります。

③審判

家庭裁判所が成年後見人を選任する審判を下します。通常は、申立時に提出した候補者から選任されます。

遺産相続において、認知症等の相続人がいる場合については、成年後見の申立手続きを先にしなければならないため、遺産分割を始めるまでに大幅な遅れが生じる可能性があります。

6 相続人を調査する

- 誰が相続人なのか第三者が見てもわかるようにしなければいけない
- ご家族でも知らない相続人がいる場合もある
- 故人の死亡から出生までの戸籍謄本・除籍謄本・改製原戸籍などを取得する

遺産分割をやり直すことのないよう入念に行う

相続では、遺産分割手続きをする前に、まずは「相続人調査」を行う必要があります。

後になって把握していない相続人が発覚すると、遺産分割協議（99 ページ参照）をやり直さなければならなくなる可能性もあるため、入念な調査が必要です。

自分自身の家族関係についてであれば、調査するまでもなく誰が相続人であるのかについては一目瞭然だと考えるかもしれませんが、わざわざ相続人調査をしなければならないのには、主に 2 つの理由があります。

誰が相続人なのか第三者が見てもわかるようにしなければいけない

遺産分割が終わって名義変更等の手続きをする際には、誰が相続人なのかを第三者にもはっきりわかるように証明しなければなりません。例えば、銀行や法務局、証券会社などに書類を提出する際には、相続人であることが間違いなくわかるよう戸籍謄本などの必要資料を添付する必要があります。

ご家族でも知らない相続人がいる場合もある

相続人調査を実施すると、身内でも気がつかなかった相続人が明らかになることがあります。例えば、故人が隠し子を認知していたことをご家族に隠していた場合や、身内の知らない間に養子縁組をしていたような場合については、きちんとした相続人調査をしなければわかりません。

相続人調査の方法

　相続人の調査については、故人の死亡から出生までの戸籍謄本・除籍謄本・改製原戸籍などを取得することで、法的に相続人となる人物を特定していきます。

　戸籍の種類と特徴については、それぞれ表の通りです。

■戸籍の種類と特徴

戸籍謄本	今現在運用されている現在戸籍
除籍謄本	戸籍に記載されている人全員が死亡または結婚、本籍地の移転などによって誰もいなくなると、戸籍は閉鎖される。除籍謄本とは閉鎖された戸籍のこと
改製原戸籍	法改正される前の古い戸籍のこと。改製がされた時点において本籍地だった役所で取得することができる

戸籍は死亡時から出生時まで遡って取得する

　亡くなった人の戸籍謄本については、死亡時点から遡って徐々に取得していくことが一般的なやり方です。

　まずは、亡くなった時点における戸籍謄本、除籍謄本を取得し、そこに記載されている1つ前の本籍地を確認します。

　1つ前の本籍地がある場合については、その本籍地における戸籍謄本、除籍謄本などを取得し、この作業を出生時まで繰り返していきます。

戸籍謄本を見る際のポイント

　戸籍謄本を取得すると、そこには様々な情報が記載されています。相続人調査において見落としてはいけない重要なポイントは以下の通りです。

①改製の記載の有無

　死亡時点から遡って取得するのが一般的ですが例外もあります。取得した戸籍

に「改製」と記載があれば、改製後の戸籍があることを意味しています。よって、改製と記載されている場合は、改製後の戸籍も探して取得しましょう。

②戸籍の動きを確認する

　取得した戸籍に次のような記載がある場合については、法定相続人を特定する重要な分岐点となる可能性があるため、見落とさないよう注意が必要です。

・婚姻
・離婚
・養子縁組
・転籍
・認知

　これらの記載があった場合については、記載がある年月日に対応する戸籍謄本を確認して、相続人との関係図を作成していくと、とてもわかりやすく整理できます。

7 財産を把握する

● 相続財産の調査が不十分だと後々面倒な問題が発生する

● マイナスの財産の調査が漏れると後で相続放棄ができないことも

● 相続財産の把握は専門家に任せた方が確実である

相続財産を調査する

　遺産分割協議をするためには、遺産の内容をできる限り把握することが重要です。ご本人名義の銀行口座はもちろんのこと、不動産、株式、宝石類、骨董品関係についてもすべて洗い出します。

　また、相続の対象となるのは「プラスの財産」だけとは限りません。クレジットカードの返済やキャッシング、消費者金融からの借金やローンなどについても、「マイナスの財産」として相続財産の対象となります。

　そのため、相続するのか、それとも相続放棄をするのかの判断にあたっては入念な財産調査が必要です。財産調査が不十分なまま遺産分割協議を始めた結果、やっとのことで合意できたとしても、後で調査漏れが発覚すると、もう一度遺産分割協議をやり直さなければなりません。

　また、「債務超過だと思っていたら実は多額の遺産があった」という場合でも、一度相続放棄をしてしまうと、原則的に撤回することは不可能です。

　このように、財産調査は「遺産分割の基礎となる重要な情報」となるため、漏れのないよう確実に調査する必要があります。

【不動産】

　相続財産のうち、最も大きな価格割合を占めるのが不動産と言われています。不動産の所有者については、次のような方法によって調査確認します。

①権利証を探す

　古くから所有している不動産については、登記済権利証という書類ですが、比較的最近取得した不動産については「登記識別情報通知」というパスワードが記載されている書類に簡略化されていますので見落とさないよう注意が必要です。

②謄本を取得する

　所有していたと思われる不動産が特定できている場合については、法務局で登記簿謄本を取得することで、所有者を確認できます。

③書類を確認する

　故人の不動産の保有状況について全く予想がつかない場合は、不動産売買契約書、借地契約書、賃貸借契約書、管理委託契約書、固定資産税納税通知書、名寄帳などを確認して実態を把握することが重要です。故人の名義になっているこれらの書類が見つかったら、謄本を取得して所有者を確認していきます。

【預貯金】

　銀行の預貯金については、故人が保管しているはずの通帳を徹底的に確認します。ただ、最近ではネットバンキングを利用していて、通帳を保有していないケースも増えているため注意が必要です。

　故人が使っていたパソコンに保存されているIDやパスワード、ブックマークやログなどから取引をしていた金融機関を探る必要性も出てきます。

　取引していた銀行をすべて特定できれば、口座の入出金記録から、株式、保険関係、証券会社など、その他の財産についても洗い出していくことが可能です。

【金融商品】

　株式、公社債、その他投資関連の財産については、自宅に送られてくる明細書や故人のメールの履歴などから辿っていって確認することになります。故人あてに送られてくるダイレクトメールなども手がかりになる可能性があるので、安易

に捨てないようにしましょう。

　また、過去の確定申告書の控えがあれば、そこからどのような収入があったのかがある程度推測できるためとても便利です。

【自動車】

　自動車については車検証を確認しましょう。

【宝飾品・骨董品・美術品】

　故人が所有していた宝飾品、骨董品、美術品などについても、遺産分割の対象となります。自宅や実家などをくまなく捜索するとともに、貸金庫やトランクルーム、倉庫などを借りて保管していないかについても確認しましょう。

マイナスの財産の調査方法

　マイナスの財産の調査が漏れてしまうと、後で相続放棄ができないといった状況に陥る恐れがあるため、プラスの財産と同様に慎重に調査する必要があります。

【借金】

　故人名義の通帳の入出金記録で、引き落とし先、送金先となっている会社名などを確認することで、借入先を予測することができます。また、自宅に送付されてきている請求書や明細書、クレジットカードなどからも特定していくことが可能です。

　また、確定申告書がある場合は、買掛金や未払金などについても漏れなく確認しましょう。

　金融機関からの借入については、信用情報機関に情報開示請求する方法もあります。

保証人・連帯保証人の確認方法

　金銭だけではなく、保証人や連帯保証人といった地位についても相続の対象となるため注意が必要です。保証人確約書、連帯保証契約書などが保管されていないか入念に確認しましょう。

　また、所有している不動産に抵当権が設定されている場合も、誰かの保証人になっている可能性があります。

【税金の滞納】

　故人が滞納している税金も相続の対象です。

　自営業だった方は、所得税、住民税、消費税、事業税について、不動産を所有していた方は固定資産税、都市計画税、譲渡所得税などについて未納がないか確認する必要があります。

　滞納がある場合、税務署などから届いている督促状で確認が可能です。

生前に一部の相続人に財産が贈与されている場合はもめやすい

　実際に相続分について計算する際には、これらの財産以外にも、生前贈与されている財産などについても相続財産に含めたうえで遺産分割をする場合もあります。

　例えば、一部の相続人に「特別受益」が認められるようなケースでは、どこまでを相続財産に含めるのかについて、相続人同士でもめてしまう可能性があるため、弁護士による適切なサポートを受けることをお勧めします。

こんなときは？

生命保険と死亡退職金、家賃収入などの扱い

　遺産相続については、基本的に亡くなった人が保有していた財産すべてが相続の対象となりますが、ものによっては判断に迷うこともあるのではないでしょうか。

　範囲を間違えると遺産分割協議がやり直しになってしまう可能性もありますので、相続財産に対する理解は相続を行ううえでは欠かせません。

生命保険金 → 相続財産となるかは「受取人」によって決まる

　亡くなった人が生命保険に加入していた場合については一定の生命保険金が支払われますが、保険契約の内容によって相続財産になる場合とならない場合に分けられます。

　受取人が被相続人に指定されている場合については被相続人の財産という認識になるので、相続財産に含むことになります。一方、受取人が配偶者や子供な

ど特定の人に指定されている場合については、受取人固有の財産という認識になるため、相続財産の対象からは除外されます。

　生命保険の扱いについては上記のように取り扱うのが一般的ですが、余りにも高額な保険金が一部の相続人だけに支払われると不公平感を生みます。

　このような場合は「特別受益」を考慮し遺産分割をすすめていくことが一般的です。もし相続トラブルになりそうな場合、またはなってしまった場合はできるだけ早めに弁護士に相談し、適正な形での相続を目指すことが望ましいです。

　相続財産の対象にならなかったとしても、生命保険金は相続税の課税対象になります。

　例えば、受取人が子供だった場合、相続財産の対象からは外れますが相続税については課税対象となるということです。

死亡退職金 → 相続財産になるかは支給規定による

　亡くなった人が会社員の場合、会社や保険組合などから死亡退職金が支払われることがあります。死亡退職金が相続財産の対象となるか否かについては、一概には決められておらず、死亡退職金の支給規定によって判断されます。受取人が相続人になっている場合は相続財産の対象から除外されますが、受取人の規定がない場合は相続財産に含めると考えるのが一般的です。

家賃収入 → 相続財産の対象ではない

　相続開始後の家賃収入自体は相続財産には含まれません。基本的には、法定相続分に従って、各相続人が取得していることになります。

　ただし、相続人全員が合意すれば、遺産分割協議の中で取り決めることも可能です。その場合、賃貸物件を相続する人物がすべて受け取るケースもありますし、法定相続分の通りに分配するケースもあります。分配比率自体に決まりはありませんので、全員が納得できる形で取り決めを行いましょう。

　協議がまとまるまでは相続人の代表者の口座に賃借人から一時的に入金してもらい、その間にそれぞれの取り分を決めて分配するというやり方が一般的です。

連帯保証人の地位 → 相続財産の対象となり、債権者に遺産分割協議の内容は通用しない

　借金などのマイナスの財産についても相続の対象となります。そして「連帯保証人」の地位も相続財産の対象です。

　例えば、長男と次男が相続人である場合の遺産分割協議において、連帯保証人については長男が相続すると取り決めしていたとしても、債権者については法定相続分に応じた金額を長男と次男それぞれに請求することが可能です。

　遺産分割協議での内容は、相続人の間では通用しても、債権者にしてみれば関係のない話なので、万が一、未払いがあれば法定相続分に従って相続人全員に請求することができます。

　このようなケースで、次男が連帯保証人の債務から完全に逃れたいのであれば、家庭裁判所にて「相続放棄」の手続きをしなければなりません。

8 相続財産を分ける

● マイナスの財産が多く、相続放棄する場合は「相続開始を知ったときから３カ月以内」が期限

● 遺産分割協議は書面のやり取りで進めることもできる

● 相続人同士で分けにくい不動産の相続は主に３つの方法がある

遺言がなく、相続人が複数人いる場合は遺産分割協議を行う

　前項のように、相続財産の確認において、漏れやすいのがマイナスの財産です。借金などについても相続財産になるため、漏れなく確認しておかないと、最悪の場合、借金を相続してしまう可能性もあります。信用情報機関への情報開示請求で金融機関からの借入を調べることはもちろん、故人あてに届いている請求書や明細、借用書、確約書、銀行引き落としの履歴などから１件ずつあたって確認していくことになります。

マイナスの財産が多い場合は相続放棄も視野に

　相続財産を確認した結果、マイナスの財産の方が多い場合は、相続放棄という手続きをすることで借金の相続を回避することができます。

　ただ、相続放棄をすると相続人ではなくなってしまうので、一切の相続権も失うため、相続放棄を検討する際には慎重にメリット、デメリットについて確認したうえで判断した方がよいでしょう（104 ページ参照）。

遺産分割協議は書面のやり取りで進めることもできる

　ここまで来てようやく遺産分割協議が始められるようになります。

　遺産分割協議と聞くと、親族が一堂に会して話し合いをするようなイメージがありますが、それぞれに仕事や家庭があると、なかなかそのような時間を確保することができません。

遺産分割協議の目的は、相続人全員の意見をまとめることにあるので、代表者が相続人に書面を送って同意を求めるという方法でも進めることが可能です。

特に形式はないので、LINE やメールなどで話し合っても何ら問題はありません。

合意ができれば、やり方は自由なのです。

■相続財産を分けるときの流れ

法定相続人の確認
⬇
相続財産の確認
⬇
マイナスの財産に注意
⬇
遺産分割協議
⬇
遺産分割協議書の作成

こんなときは?

不動産の相続は主に 3 つの方法がある

不動産は分筆すると価値が下がる。共有にすると後でもめやすい

不動産は金銭のように数字で分割することができないことから、遺産分割協議がスムーズにいかないこともよく見受けられます。

例えば、《相続人が複数人いて、預貯金が少なく、主な相続財産が不動産 1 つしかない》というケースです。

土地については、面積を法定相続分で割って切り分ける（分筆）という方法もありますが、たとえ面積が同じだったとしても、位置関係によって価値が変わってくることがあります。また、分筆すると土地の利用用途が制限されてしまうため、資産価値が下がってしまうというデメリットもあります。

また、建物は土地のように切り分けることはできないため、相続人の 1 人が単独で相続するか、法定相続分に従って共有するという場合もあります。

ただ、不動産を共有すると、将来的に売却したくなったときにすべての共有者

の同意が必要になるため、足並みが揃わず売りたくても売れないという可能性があります。また、二次相続が発生すると共有者がさらに増えて権利関係が複雑化していくというリスクもあります。

　いずれにしても、どのようにして不動産を分けるのかは慎重に検討することが必要です。

■不動産相続の主な 3 つの方法

　不動産相続をスムーズに進めるためには、前述の分筆や共有分割を除いた次の 3 つの方法の中から状況に最も適した方法を選ぶことをお勧めします。

①そのまま分ける 現物分割	不動産相続において最もシンプルな方法が「現物分割」です。現物分割とは、その名の通り不動産の現物を相続人のうちの 1 人が単独で相続する方法で、他の相続人とはその他の財産の配分で調整を図ります。 　また、相続人 3 人に対して不動産が 3 つある場合に、不動産を 1 つずつ相続するというケースも現物分割です。法定相続分通りぴったり分割することはできませんが、手続きをシンプルにできるというメリットがあります。 　相続人同士がある程度理解を示している状況でなければ、現物分割は難しく、生前からわだかまりがあるようなケースについては、他の方法も合わせて検討が必要です。
②金銭で調整する 代償分割	現物分割を試みたものの、どうしても不動産を相続しない相続人の賛同を得られないようなケースについては、不足する金額を支払って調整する、「代償分割」という方法が候補として浮上します。 　例えば、長男と次男が相続人である場合において、不動産（1 億円相当）と預金 2,000 万円が相続財産

②金銭で調整する 代償分割	だとします。本来なら、長男6,000万円、次男6,000万円が法定相続分による正しい取り分ですが、長男に不動産を単独で相続したいという希望があり、次男を説得する場合、次男に預金2,000万円を相続させるのに加えて、長男から次男に4,000万円の現金を「代償金」として支払うことで、事実上、不公平を調整し、遺産分割を解決するのです。支払った代償金については、遺産分割協議書にきちんと記載しておけば、贈与税を課税される心配もありません。結果的には不動産を単独で相続できるため、相続財産に居住している相続人がいる場合については、とても有効な方法です。 　ただし、代償分割をするためには前提として代償金を支払えるだけの現金を準備しておかなければなりません。
③売却して 代金を分ける 換価分割	代償分割できるだけの現金が準備できない場合は、不動産を売却して金銭に換えて分割する「換価分割」という方法も選択肢に入ってきます。 　売却して得た金銭を分けるため、法定相続分通りの公平な分割が可能です。また、不動産以外に複数の相続財産がある場合でも、不動産の換価分割によって得た金銭を現物分割の補填として活用することもできます。 　ただし、相続人の誰かが居住しているような場合については、換価分割に反対される可能性がある点と、売却に手間と費用がかかる点がデメリットです。 　不動産の価格は景気情勢にも影響を受けるため、相続のタイミングで不動産価格が下落していれば、実質的には損をして売ることになってしまいます。また、利益が出たとしても譲渡益には所得税と住民税が課税

	されるため、そのあたりのことも含めてどうするか慎重に判断しなければなりません。

　不動産が絡む相続では「誰が不動産を相続するか」「売却するのかしないのか」など、様々な検討事項が出てきます。当然意見が割れることも多々あり、話し合いが難航することも考えられます。早めに専門家に相談した方が様々な解決方法をアドバイスしてもらえます。トラブルに発展する前に相談したうえで、話し合いを進める方が望ましいといえるでしょう。

　例えば、次のようなケースは早めに専門家に相談した方がよいものの典型例です。

- **共有している不動産や借地の不動産が相続財産である場合**
- **不動産価格について争っている場合**

9 相続放棄を検討する

● 相続には、単純承認・相続放棄・限定承認の３つの選択肢がある
● 遺産の中身にマイナスの財産が多い場合は、相続放棄も検討する必要がある
●「相続放棄」と「相続分の放棄」は違いを知らないと大きなトラブルになる

マイナスの財産があったらどうするか

　遺産相続については、原則として特段の手続きをとらなければ、自動的に相続するものとしてみなされることとなり、これを「単純承認」といいます。

　プラスの財産もマイナスの財産もすべて相続することになり、故人名義の借金については、相続人が引き継いで返済しなければなりません。現預金や不動産などのプラスの財産から、借金などのマイナスの財産を差し引いてプラスになるようであれば、通常は単純承認することが一般的です。

　相続人からすれば、プラスの財産だけを選んで相続したいところですが、残念ながら、相続放棄しない場合は亡くなられた方の権利や義務すべてをまとめて相続することになるため、財産の状況によっては相続するかどうか慎重に検討しなければなりません。

　既に書いたように、亡くなった人が多額の借金を抱えていたような場合については、相続せずに相続放棄をすることで借金の相続を回避できます。

　また、相続放棄については各相続人が個別に自分の意思で選択することが可能です。

相続放棄の期限は相続の開始を知ったときから３カ月以内

　相続放棄については、相続の開始を知ったときから３カ月以内に家庭裁判所で手続きをしなければなりません。そのため、相続が発生したら速やかに故人の債権債務を徹底的に調査して、遺産の全容を把握する必要があります。

　一定の事情があれば、例外的に３カ月の期限を過ぎた後でも相続放棄が認め

られる可能性があります。ただし、3カ月経過後の相続放棄では、裁判官を納得させるだけの主張と立証をしなければならないので、その場合は普段から相続放棄を多く扱っている弁護士に任せるべきです。

相続放棄をすると一切の相続権を失う

　正式に相続放棄の手続きをすると、その相続人については一切の相続権を失うことになり、正確には「当初から相続人ではなかったこと」になります。

　よって、プラスの財産もマイナスの財産も一切相続する権限を失います。一度相続放棄をすると、原則として後から撤回することはできないので、本当に相続放棄をするべきかについては、慎重に判断することが大切です。

相続放棄と相続分の放棄は違う

　当事務所では、「既に相続放棄をしているため借金について一切責任がなく、どう対応すればよいか?」というご相談もいただきます。

　しかし、よくご事情を伺うと、実際は相続放棄の申立てをしておらず、相続分の放棄をしただけという事実が発覚することがあるのです。

　相続放棄と相続分の放棄は言葉こそとても似ていますが、実際は全く違う効果が生じますので、混同しないようにしてください。

相続放棄	相続放棄は家庭裁判所で行う正式な手続きです。家庭裁判所に対して相続放棄の申述書を提出し、正式に相続放棄が認められます。相続放棄が家庭裁判所に受理されれば、その人は相続人ではなくなるため、相続財産が債務超過の場合でも、借金を背負うことはありません。
相続分の放棄	遺産分割協議をしていく中で、ご家族ともめるのが嫌になり「自分は遺産は一切いらないから放棄する」と他の相続人に伝えて、遺産分割協議から降りるというようなケースがあります。 　ご本人はこれで「相続放棄した」と認識しているケースがありますが、正確にはこれは相続放棄ではなく、相続分の放棄であり、相続人としての地位については依然として残ったままです。

プラスの範囲で相続する限定承認

　相続財産の全容がはっきりわからないようなケースでは、単純承認すべきか相続放棄すべきか判断できないこともあります。「限定承認」はプラスの財産の範囲内で借金を引き継ぐという手続きなので、最終的に相続財産が債務超過だったとしても、プラスの財産以上に借金を背負うことはありません。

　例えば、プラスの財産が 1,000 万円でマイナスの財産が 3,000 万円だった場合、限定承認をすればプラスの財産の範囲である 1,000 万円分だけ借金の返済義務を負い、後の借金は相続しなくて済むのです。

限定承認をするケース

　相続放棄をするとすべての遺産について相続できなくなるため、相続人の自宅などが相続財産に入っていると、いくら借金が多くても相続放棄したくないという状況に陥ることがあります。そのようなケースで限定承認を選択すれば、プラスの財産相当額だけ相続人が実費で借金を返済すれば、後の借金は相続する必要

がなく、自宅についてはそのまま相続できるので安心です。

　ただし、限定承認については、すべての相続人が限定承認を選択する必要がありますので、相続人全員の足並みが揃わなければ選択することはできません。

強制的に単純承認とみなされるケースもある

　相続財産を遺産分割協議前に勝手に処分したりすると、単純承認をしたとみなされる「法定単純承認」となります（142 ページ参照）。
　相続放棄等を検討される可能性がある場合は注意が必要です。また、以下のようなケースも単純承認したとみなされます。

・相続開始を知ったときから 3 カ月以内に相続放棄や限定承認をしなかった場合

　単純承認以外の選択肢である相続放棄や限定承認については、相続の開始を知ったときから 3 カ月以内が手続き期限となります。よって、これらの手続きをしないまま 3 カ月を超えた場合、自動的に単純承認とみなされます。どうしても 3 カ月以内に結論が出ない場合については、事前に家庭裁判所に申請することで、3 カ月の期間を延長してもらうこともできます。

・背信行為

　遺産を隠蔽して他の相続人に隠したりした場合、背信行為とみなされ単純承認となります。

遺産分割協議で
考慮すべきこと

ここをチェック!

● 法定相続分は目安の一つにすぎない

● 相続人の間で不公平感のないように、法定相続分を調整する制度がある

● 何年前の贈与でも、特別の利益と言えるレベルの贈与であれば持ち戻しの対象となる

相続人の間で不公平感のないように調整する

　法定相続分は目安の一つとなりますが、各家庭の個別の事情については一切考慮されていません。

　例えば、ある相続人が多額の生前贈与を受けていたり、被相続人の財産増加に関わったような特別な寄与をしていた場合は、以下の制度を用いて相続分を調整することになります。

【特別受益持ち戻し】

　一部の相続人が遺言書や生前贈与などによって、特別な利益を受けている場合については、その分も相続財産に持ち戻して遺産分割をするという制度があります。

　生前贈与の場合、遡る期限が定められていないため、何年前の贈与でも、特別の利益と言えるレベルの贈与であれば、持ち戻しの対象となります。

　実際は生前贈与等を受けた分を一旦遺産分割の前に返却するのではなく、計算上遺産の総額に含めるだけです。持ち戻しによって各相続人の相続分が決まったら、特別受益を受けている相続人については、特別受益分が相続分から控除され、他の相続人よりも遺産分割時に受け取る相続分が少なくなるよう調整されます。そのため、相続人の間でトラブルになることがよくあるのです。

特別受益の具体例

　実際にどのような生前贈与が特別受益の対象となるのか、ここでは一般的に特

別受益として争われる可能性が高いものについて解説します。

・婚姻に関する費用の贈与

結婚するにあたって、結納金、支度金、持参金、結婚式費用などの贈与を受けていた場合については、特別受益に該当する可能性があります。

ただし、贈与した金額自体が少額であるようなケースについては、特別受益とされない可能性があります。また、それなりの金額の贈与を受けていたとしても、他の相続人も同じくらいの贈与を受けているのであれば、亡くなられた方の持ち戻し免除の意思と判断して、特別受益の持ち戻しを行わないこともあります。

・大学の学費の贈与

大学の入学費用など、その家庭の経済水準に応じて大きな出費となる学費については、特別受益として持ち戻しの対象となります。

婚姻費用と同じく、他の相続人とのバランスが重要であり、どこまでの学費が特別受益の対象となるのかについては、個別の事案に応じて判断されます。過去の事例からすると、留学費用や習い事の費用などについても、他の相続人と比べ著しく金額に差があるようであれば、特別受益として認められる可能性があります。

・不動産の贈与

相続税対策なども含め、生前に不動産を贈与している場合については、評価額が非常に大きいため特別受益に該当する可能性が高いといえます。

そうすると、妻が生前贈与によって自宅を取得した後に夫が死亡した場合、自宅の生前贈与を相続財産に持ち戻され、妻の遺産分割における相続分は大幅に減ってしまい、場合によっては生活が立ち行かなくなる可能性も考えられます。

こういった問題点を改善するため、このほど民法の法改正がなされ、婚姻期間が 20 年以上ある夫婦間で自宅（居住用不動産）を生前贈与または遺贈した場合については、自宅を特別受益の持ち戻しから除外する措置がとられました（124ページ参照）。

特別受益を主張するには証拠が必要になる

　特別受益を相手に主張するためには、根拠となる贈与や遺贈の証拠が必要となりますが、場合によっては特別受益の確たる証拠が出てこないことも少なくありません。

　また、どこからが特別受益に該当するのかについて明確な基準はなく、それぞれの事情を総合的に考慮して判断することになるため、できる限り弁護士を立てて話し合うことをお勧めします。

【寄与分】

　相続は法定相続分に基づいて分けることが一般的ですが、相続が発生するまでの事情によっては、「法定相続分通りの分割では納得がいかない」という場合も出てきます。

　例えば、他の相続人は亡くなった親の面倒を全く見なかったなか、長男だけは献身的に尽くしてきた——といった場合、長男からすれば、同じ法定相続分では納得ができない気持ちも理解できます。

　「寄与分」とは、亡くなった人の生前に特別な貢献があった相続人については、その貢献度を評価して「法定相続分よりも多い相続分を認めましょう」という制度です。

　寄与分については当然にもらえるものではなく、通常は、寄与分が認められる相続人自らが主張しないと獲得することはできません。

　特別な貢献にあたるかどうかの判断についても、一概に決められないため、個別に話し合って合意する必要があります。

寄与分を主張できる人は法定相続人と一定の範囲の親族

　寄与分を主張できる人は、法定相続人と一定の範囲の親族（6親等内の血族、3親等内の姻族）に限られます（特別寄与分は127ページ参照）。

　そのため、相続人ではない内縁の妻については、いくら内縁の夫に尽くしたとしても、寄与分が認められることはありません。内縁の妻が内縁の夫の遺産を受け取るためには、亡くなる前に婚姻するか、遺言書を残す必要があります。

寄与分が認められる具体的な事情

　法定相続分とは別に寄与分を認めてもらうためには、一般的な貢献では足りず、特別な寄与と認められる必要があります。具体的には以下のような事情が寄与分として認められやすい傾向にあります。

・被相続人の事業に関する労務の提供
・被相続人の事業に関する財産上の給付
・被相続人の療養看護

・労働力の提供

　故人が会社やお店を経営していて、相続人がそこで働いていた場合に可能性があります。ただし、通常の社員やアルバイトのように給与を支給されていたのであれば、特別の寄与とはいえません。特別の寄与といえるためには、事業のほとんどを無給で手伝って支えたといった事情が必要です。

・金銭等の出資

　故人に対して金銭を支出した事情がある相続人については、寄与分が認められる可能性があります。例えば、お店の改装費用として多額の資金提供をしたような場合については、一般的な扶養義務を超える特別な寄与といえるため、寄与分が認められるでしょう。

・看護の貢献

　故人の老後の介護をすることは、ご家族の扶養義務の範囲といわれているため、単に介護をしただけでは寄与分が認められません。ただし、相続人が仕事を辞めてまで献身的に介護に専念したことで、高額な入院費用や介護施設への入所費用の支払いを免れたような場合については、介護でも特別な寄与として寄与分が認められる可能性があります。

・財産管理への貢献

　相続人が故人に代わって財産を管理したことで管理費用などの支出を免れた場

合に認められる可能性があります。故人がアパートなどの賃貸経営をしていた場合において、本来であれば管理会社に管理料を支払って管理委託が必要なところ、相続人が代わりにアパートの賃貸管理を献身的に行ったような場合については、寄与分が認められる可能性があります。

■寄与分の計算例

　寄与分が認められた場合については、以下の計算式に従って相続分を計算します。

（遺産総額−寄与分） × 法定相続分＋寄与分＝相続分	（1億円− 1,000 万円） × 1/2 ＋ 1,000 万円＝ 5,500 万円
例えば、遺産総額 1 億円で長男と次男が相続する場合において、長男に 1,000 万円の寄与分が認められた場合、長男の相続分は次のようになります。	このように、遺産総額から寄与分を引いたうえで法定相続分を計算して、そのうえで寄与分をプラスします。

ここに注意！

現実には寄与分が認められる貢献は限られている

　寄与分が認められるためには、ちょっとした貢献では足りず、「特別の寄与」があった場合にのみ認められます。

　例えば、妻として献身的に夫を支えた、長男として親の介護に尽くした、といった事情を主張しただけでは、他の相続人に寄与分を認めてもらえません。そもそもこれらの行為は、ご家族であれば当然の行為でもあるため、そのレベルよりも一段上の貢献度が求められるのです。

寄与分の主張はトラブルの引き金になることもある

　また、寄与分は法定相続分のように一律に割合が決まっているわけではないので、遺産分割協議において相続人全員で話し合って決めることになります。

　ただ、寄与分を主張する場合、自分の貢献度をいくらと見積もればいいのかわからず、他の相続人と交渉がしにくいという場合や、相手から寄与分を主張されてどう反論していいかわからない、といったこともよくあります。

　寄与分は話し合いで決めなければならないため、遺産分割協議において紛争の火種となる可能性が高いのです。

11 調停と審判

● 遺産分割協議がどうしてもまとまらない場合、「調停」→「審判」といった法的手続き
　に移行することになる

● 調停調書は裁判における判決と同じ効力を持つ

● 審判内容に納得ができない場合は 14 日以内に「即時抗告」を行うことができる

遺産分割協議がまとまらない場合は「調停」を利用する

　遺産分割協議はあくまで話し合いなので、それぞれの主張や希望が食い違うことで遺産分割が進まないというケースも多々見られます。この場合は家庭裁判所に間に入ってもらって話し合う「遺産分割調停」を行うことが有力な選択肢となります。

　遺産分割調停は裁判とは違い話し合いによる解決を目的としていて、「調停委員」という専門家が相続人の間に入って双方の主張を聞き、話し合いを促してくれます。

　遺産分割協議は、直接対面で話し合うこともあればメールや電話で話し合うこともあるため、なかなか結論が出なかったり感情論になってしまうことがありますが、調停であれば家庭裁判所において調停委員立会いのもと話し合いの場がもたれるため、感情論を抜きにしてお互いが冷静に話をしやすいというメリットがあります。

調停調書は裁判における判決と同じ効力を持つ

　遺産分割調停で相続人の意見がまとまった場合は、その内容を記載した「調停調書」が作成されます。裁判の判決と同じ法的効力がありますので、当事者は調停調書の内容に拘束され、守る義務が生じます。

　万が一、調停調書の内容に従わない相続人がいた場合については、調停調書に基づいて強制執行することも可能です。調停調書があれば、相続不動産の名

義変更である相続登記についても、調停調書を添付することで単独で手続きすることができます。調停調書は遺産分割協議書と同様の役割もあるということです。

遺産分割調停がまとまらなかった場合は審判に移行する

　遺産分割調停でもお互いの意見がまとまらなかった場合については、「遺産分割審判」に移行します。遺産分割審判とは、家庭裁判所の裁判官が、諸般の事情を総合的に考慮して、遺産分割の内容を判断することで、当事者は審判の内容に拘束されることになります。

　遺産分割調停については、あくまで話し合いというスタンスですが、審判に移行すると、あとは裁判官の判断に委ねられるため、自身の希望を裁判官に理解してもらうために双方で主張を繰り返すことになります。審判については、双方の主張が出尽くすまで行いますので、場合によっては数年単位の時間がかかることもあります。

審判内容に納得ができない場合は即時抗告を行うことができる

　遺産分割審判で家庭裁判所から言い渡された審判書に納得がいかない場合は、14日以内に「即時抗告」といって不服申立てをする必要があります。控訴審では、追加の証拠などを提出することで判断が覆るよう主張を行い、最終的に判決が下ることになります。即時抗告をしないまま14日を超えた場合は、審判書の内容で遺産分割が確定します。

■遺産分割協議がまとまらない場合の手続きの流れ

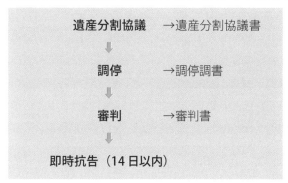

遺産分割協議　→遺産分割協議書

　　↓

調停　→調停調書

　　↓

審判　→審判書

　　↓

即時抗告（14日以内）

ここに注意！

調停や審判では証拠が重要

　任意の話し合いである遺産分割協議とは違い、調停や審判については「証拠」の影響力がとても大きいです。遺産分割調停や審判を有利に進めるためにはこの「証拠収集の徹底」が欠かせません。

　相手や裁判官を説得できるだけの客観的な証拠を事前に準備することが、調停や審判で納得のいく結果を得るための重要なポイントです。

　調停では調停委員が間に入ってくれるものの、あくまで第三者的な立ち位置をとりますので、一方の味方をしてくれるわけではありません。自身にとって有利な結果を求めるならば、弁護士に依頼しサポートを受ける重要性は高いと考えてよいでしょう。

12 遺産分割協議書を作成する

● 通常は遺産分割協議書を作成する

● 遺産分割協議書に決められた書式はない

● 相続登記や名義変更などで必要になる

遺産分割協議書の作成は必要か

　相続では「遺産分割協議」を行ってそれぞれの相続分について決めることになりますが、誰に何をどれぐらい分けるかをまとめたものが「遺産分割協議書」です。遺産分割協議書は法律で義務付けられているわけではないので作成しなくても罰則はありませんが、作成していないと合意内容に疑義が生じて争いになる可能性があるため作成しておくのが通常です。

　遺産分割協議書には決められた書式はありません。必要な内容がすべて盛り込まれていれば、直筆でもパソコンで打ち出したものでも認められます。ただし、合意内容が明確にわからない遺産分割協議書だと作成する意味がないので、最低限記載すべき事項については事前に押さえておく必要があります。

遺産分割協議書は相続登記などで使われるケースもある

　遺産分割協議書は相続人の間で合意した内容を記載した書類ですから、基本的には第三者に見せたりするものではありません。ただ、相続財産を「故人→相続人」の名義に変更する際には遺産分割協議書の提出が必要となります。

　例えば、不動産の相続登記をする場合については添付書類として遺産分割協議書が必要になります（有効な遺言書があれば、遺産分割協議書はなくても問題ありません）。

　その他、預金口座の名義変更や株式の名義変更などでも、遺産分割協議書が必要になる場合があります。

遺産分割協議書の作り方

　遺産分割協議書は、簡単な内容であれば一般の方でも作成することが可能です。ここでは、必ず記載すべき事項や注意点などについて解説します。

相続財産を正確に記載する

　遺産分割協議書には、対象となる相続財産をすべて記載します。この際、不動産や預金口座などの情報については、そのものが特定できるよう正確に記載することが重要です。例えば、土地であれば次のように記載します。
《所在地：東京都新宿区新宿○丁目　地番：○番　地目：宅地　地積：100㎡》
　不動産を記載する際には、いわゆる住所ではなく、登記簿謄本に記載されている「地番」を正確に記載します。不動産が明確に特定できない書き方をすると、登記申請をする際に作り直しや訂正印が必要になる可能性があるため注意してください。建物であれば家屋番号、預金であれば銀行名・支店名・種別・口座番号、自動車であれば登録番号・車台番号を正確に書きましょう。

作成日を記載する

　遺産分割協議書を作成したら、必ず作成した日付を記載しましょう。いつ作成したのかわからないと、無効になってしまいますので注意してください。

相続人全員の署名捺印をする

　遺産分割協議書を作成したら、最後に相続人全員の署名捺印をします。ご本人が直筆で署名したうえで、捺印については必ず「実印」で押印し、印鑑証明書の添付も必要です。記載する住所については、印鑑証明書の記載通り正確に書きましょう。遺産分割協議書が複数枚に及ぶ場合については、相続人全員の実印による「契印」が必要になります。

人数分作成する

　遺産分割協議書は、相続人各人が原本を保管するため、相続人の人数分の遺産分割協議書が必要になります。

13 相続人が誰もいない場合

● 相続人が誰もいない場合、「特別縁故者」が相続することができる

● 特別縁故者には 3 つのパターンがある

● 特別縁故者は相続税が高い

特別縁故者になれる人物とは

　遺産を相続できる人は、原則として、民法に規定されている法定相続人に限られるため、それ以外の人については相続することはできません。

　ただし、相続人が誰もいない場合には、「特別縁故者」として一定の遺産を取得できる可能性があります。

　特別縁故者となれる人については、法律によって次の 3 つのパターンが規定されています。

・亡くなった方と生計を共にしていた人

　相続人ではないものの、亡くなられた方と共に生活をしていた人がいる場合については、相続による生活への影響が大きいと考えられるため、特別縁故者として認められる可能性があります。具体的には、結婚していない内縁関係の夫婦で、一緒に生活していた期間が長いような場合です。

・亡くなった方の療養看護に努めた人

　療養看護を尽くしてきた人については、特別縁故者として一定の遺産を取得することが認められる可能性があります。ただし、看護師、介護士、家政婦など、業務として報酬を得て療養看護していたような場合については、特別縁故者として認められません。

・その他の特別な事情がある人

亡くなられた方と生前に遺産を譲るような特別な約束をしていた人、親子同然に生活してきた人については、特別縁故者として認められる可能性があります。

　また、亡くなられた方が経営していた法人が特別縁故者として認められる場合もあります。

まずは遺言書を重点的に捜索することが重要

　特別縁故者の制度については、内縁関係の夫婦、長年姑の療養看護に尽くしてきた嫁などにとっては非常に重要な制度ですが、特別縁故者として認めてもらうためには、1年程度にもわたる手続きを経たうえで、家庭裁判所に判断してもらわなければならず、非常に大変です。

　ただし、相続人以外の人が遺産を取得できるケースは、特別縁故者だけに限りません。

　相続人が誰もいないようなケースについては、故人が生前に遺言書を書いていて、任意の人に財産を遺贈する旨の記載がされていることがあります。

　遺言書で遺贈されていれば、特別縁故者の手続きをすることなく、遺言書を執行するだけで遺産を取得することが可能です。

　そのため、遺産相続が発生して相続人がいない場合、まず遺言書が保管されていないか徹底的に探しましょう。

特別縁故者は法定相続人よりも相続税が高い

　特別縁故者に該当する可能性がある方については、事前に相続税についても確認しておく必要があります。

　特別縁故者が遺産を取得すると、相続人が相続する場合に比べ、相続税が2割加算されます（ただし、兄弟が相続人になる場合は除く）。

　また、相続税の基礎控除については、通常3,000万円＋600万円×法定相続人の人数の基礎控除額が適用されますが、特別縁故者については、法定相続人がいないため、3,000万円までしか特別控除額が適用されないことに注意しましょう。

特別縁故者の申立ての流れ

　特別縁故者となるためには、事前に幾つかの段階を経て、最終的に認められるかどうかが決定します。具体的な流れは、以下の通りです。

申立て〜調査など

　家庭裁判所に相続財産管理人の選任の申立てをして、相続財産管理人が選任されると、通常の遺産分割のときのように、相続財産の調査や相続人の調査を行い、本当に相続人がいないかなどについて確認します。

　また、借金などのマイナスの財産がある場合については、弁済の手続きも行います。

公告

　公告が出され、一定の期間に相続人が現れなかった場合、相続人不存在が確定し、特別縁故者がいる場合に遺産が分けられる可能性が出てきます。

特別縁故者の申請

　相続人の不存在が確定してから3カ月以内に自らが特別縁故者であると家庭裁判所に申請することで、一定の遺産が分与される可能性があります。

　特別縁故者として認められるのか、認められたとしてどの程度の財産を分与されるのかについては、家庭裁判所の裁量によって決まります。

連絡がつかない相続人がいる場合は不在者財産管理人を選任する

　特別縁故者が認められるのは、あくまで相続人が全くいない場合です。生存しているものの一切の連絡がつかない相続人がいる場合、不在者財産管理人の選任を家庭裁判所に申立てることで、連絡がつかない人に代わって、不在者財産管理人が遺産分割協議に参加します。

　また、生存しているかどうかわからない状態が7年間続いている場合については、「失踪宣告」の手続きをすることで死亡したとみなすことが可能です。

解説
民法の主な改正点について

 「配偶者居住権」が認められる

ここがポイント!

● 約 40 年ぶりに民法の改正がなされた（一部の規約を除き令和 2 年 4 月 1 日から施行）

● 亡くなった人と自宅で同居していた配偶者には「配偶者居住権」が与えられ、遺産分割後も自宅に住み続けられるようになった

● 配偶者居住権には短期と長期の 2 種類がある

「配偶者居住権」とは配偶者が引き続き自宅に住み続けられる権利

　このほど、約 40 年ぶりに民法の改正がなされ、相続の分野についても大きな法改正がありました。これにより相続の何が変わったのか、今回の民法改正の主なポイントについて解説します。

　今回の民法改正で、ニュースなどでも取り上げられたのが「配偶者居住権」です。配偶者居住権とは、わかりやすくいうと「配偶者が引き続き自宅に住み続けられる権利」のことを指します。

　遺産相続において非常に多くの価格割合を占めるのが「不動産」であり、その不動産が「自宅」であるケースはよくあります。

　例えば、配偶者と子供の 2 名が相続人である場合において、評価額 3,000 万円の自宅と預金 1,000 万円が相続財産だとした場合、配偶者が自宅を単独で相続しようとすると、法定相続分が 2 分の 1 なので預金については一切相続することができなくなってしまいます。

　そればかりか、子供が法定相続分での分割にこだわるようなら自宅を売却して現金化せざるを得なくなる可能性もあります。

　そこで、相続によって配偶者が住む場所を失わないよう、亡くなられた方と自

宅で同居していた配偶者については「配偶者居住権」を与え、自宅に住み続けられるよう保護されました。

配偶者居住権の2つの種類

今回認められた配偶者居住権には、次の2つの種類があります。

・配偶者短期居住権

配偶者が相続開始時に被相続人所有の建物に無償で居住していた場合、定められた期間の範囲内で、配偶者が自宅を無償で使用できる権利です。この期間とは、①配偶者が自宅の遺産分割に関与する場合はその帰属が確定する日までの間（ただし、最低6カ月間は保障）、②自宅が第三者に遺贈された場合や配偶者が相続放棄した場合には、自宅の所有者より消滅請求を受けてから6カ月とされています。これにより、相続が発生して配偶者がいきなり家から追い出される状況を回避できるようになりました。相続開始時に被相続人の建物に無償で住んでいた配偶者であれば、事前の取り決めの必要なく、配偶者短期居住権を取得することが可能です。

・配偶者居住権

一時的に住む権利が与えられる配偶者短期居住権に対して、配偶者居住権は配偶者自身が終身または一定期間、自宅に住み続けることができる権利のことをいいます。

非常に強い権利なので、配偶者短期居住権のように当然に与えられる権利ではなく、遺産分割協議で相続人の間で合意ができた場合、遺言書によって取り決められていた場合に限られます。

遺産分割においては、「配偶者居住権の価値評価に相当する金額」を相続したものとして扱われ、その分を具体的相続分から差し引いた分のみを相続します。

今まで配偶者が自宅に住み続けるためには、原則として自宅を相続して所有するしかありませんでした。今回の配偶者居住権の創設によって、所有権ではなく配偶者居住権によって合法的に住み続けることが可能になったため、子供が所有権を取得したとしても、配偶者が配偶者居住権を取得すれば、問題なく住み続けられます。

2 生前贈与の自宅（婚姻20年）は 遺産分割の対象外に

ここがポイント！

● これまで、生前に贈与された自宅は、相続財産に持ち戻しとなる特別受益の対象になっていた

● そのため、遺産分割時の取り分が著しく少なくなる問題があった

● 20年以上の夫婦が生前贈与した自宅に関しては遺産分割の対象外になった

特別受益の持ち戻し制度の問題点を改善

　生前に親から多額の援助をしてもらうなど、生前贈与や遺言書などによって特別な利益を受けている相続人がいる場合については、その分を相続財産に持ち戻したうえで、遺産分割を行うケースがあります。

　既に書いたように、これを「特別受益の持ち戻し」といいます。

　過去にもらっている分のお金を実際に返すのではなく、その分を遺産の総額に含めたうえで各相続人の相続分を計算し、特別受益を受けている相続人は、自分の相続分からその特別受益分が引かれるというわけです。

　当然ながら、その人は、他の相続人よりも遺産分割時に受け取る相続分は少なくなります。

　しかしながら、配偶者が自宅の贈与を受けていた場合についても特別受益の持ち戻しの対象となっていたため、遺産分割において取り分が著しく少なくなってしまうケースがこれまで問題となっていました。

　そのため、このたびの法改正では、婚姻期間20年以上の夫婦間における居住用不動産（自宅）の遺贈や生前贈与については、特別受益から除外されることとなりました。

3 遺産分割前に 使い込まれた財産も「相続財産」に

ここがポイント!

● 遺産分割前に財産を使い込んだ人がいても取り戻すのは困難だった

● 遺産分割前に処分した財産も「相続財産」になった

● 法改正によって使い込んだ人は取り分が減らされることになった

> 遺産分割前に一部の相続人により財産が処分された場合、遺産の範囲について他の相続人全員の同意があれば相続財産に

　親の預貯金や骨董、宝石、貴金属などは、遺産分割前にご家族の誰かによって使い込まれたり、勝手に処分されてしまうことがあります。

　そんなとき、これまでは訴訟によって取り返すしか方法がなかったので、他の相続人には重い負担になっていました。

　しかしながら、このたびの法改正では、他の相続人全員の同意があれば、当のご本人が反対しようと、使い込まれた遺産も相続財産に含めて遺産分割できるようになりました。

　つまり、遺産分割の中で、遺産を使い込んだ人の相続分を減らすという手段をとることによって、わざわざ損害賠償請求や不当利得返還請求を起こさなくても、実質的に使い込んだ遺産を取り返せるようになったわけです。

4 遺言書の財産目録の部分は自筆でなくても可に

ここがポイント！

● 遺言書については次の2点が改正された
● 自筆証書遺言の財産目録の部分については、パソコンで打ち出したものや通帳のコピーでも認められるようになった
● 自筆証書遺言も法務局にて安全に保管してもらうことが可能になった

自筆証書遺言の一部緩和

　直筆で記載することが要件となっている自筆証書遺言については、これまで財産の一覧である財産目録についてもすべて直筆である必要がありました。

　しかし改正により、財産目録の部分については、パソコンで打ち出したものや通帳のコピーでも認められるようになりました。

　今後は、自筆証書遺言の作成にかかる負担が軽減されます。

自筆証書遺言の保管

　自筆証書遺言については、基本的に自分の責任で保管する必要がありましたが、法改正によって、一定の手続きを行えば法務局にて安全に保管してもらうことが可能になりました。法務局で保管すると検認手続きが不要となる点も大きなメリットです。

　この場合、遺言書の写し（コピー）の請求・閲覧は、相続開始後に可能となります。

　相続人の一人に遺言書の写しを交付または閲覧させたときには、他の相続人に遺言書が保管されている旨の通知が発送されます。

その他の主な改正ポイント

ここがポイント!

● 亡くなった人の預貯金から一定額の引き出しが可能になった

● 介護などをしていた法定相続人ではない親族が他の相続人に特別寄与分を要求できるようになった

預金金額の 1/3 ×法定相続分を上限に遺産分割前の預金払い出しが可能に

　亡くなった人の名義の預金については、原則として遺産分割前に個別に払い出しすることができない取り扱いとなっていました。

　ただ実際は、葬儀費用などを工面するために引き出す必要性があることから、預金金額の 1/3 ×法定相続分を上限（ただし、同一の金融機関に対する権利行使は法務省令で定められている 150 万円を上限）として、相続人単独で仮払いを受けることが可能になります。

特別寄与料の創設

　これまでは、亡くなった人の相続人以外の親族——例えば、息子の妻など——が、長期間無償で献身的な介護などを行っていた場合でも、法定相続人ではないので遺産相続はできませんでした。

　しかし、このたびの改正で、亡くなった人の介護などで「特別の寄与」を行った親族は、他の相続人に対して金銭の支払いを要求できるようになりました。ただし、その行為が「特別の寄与」だと簡単に認められるかは難しいところです。

争族に陥りやすい
事例と解決法

遺産の取り分が
同じでは納得できない

Q 親の金で何年も海外で遊んでいた兄と、何もしてもらっていない私がもらう遺産が同じ金額というのは到底納得できません。

　父が亡くなり、母、兄、私の3人で遺産分割協議をしています。相続税がかかるほどの財産はありません。内容は預貯金と有価証券だけでしたので、法定相続分に従って分けようという話になりました。しかし、10年以上前の話とはいえ、父親から多額の資金援助（少なくとも1,000万円以上）を受けて何年も海外で遊んでいた兄と、特に何もしてもらっていない私がもらう遺産が同じ金額というのは到底納得できません。

A 資金援助の差が大きい場合は、特別受益として持ち戻しの対象となる可能性が高い。

　ご家庭の経済状況から見ても、兄弟間のバランスが著しく悪く、その留学費用については特別受益として持ち戻しの対象となる可能性が高いと思われます。
　特別受益の持ち戻しとは、一部の相続人が遺言書や生前贈与などによって、特別な利益を受けている場合については、その分も相続財産に持ち戻して遺産分割をするという制度です。
　例えば、遺産が3,000万円だとすると、法定相続分は妻1,500万円（2分の1）、子供2人がそれぞれ750万円（4分の1ずつ）となります。しかし、お兄さんの留学費用の1,000万円を財産に持ち戻して4,000万円とし、あらためて分割すると、妻2,000万、兄1,000万円、あなた1,000万円となります。
　お兄さんはすでに1,000万以上をもらってしまっているわけですから、この場合、相続額はゼロになります。
　こうした生前贈与は、特別の利益と言えるバランスの贈与であれば、何年前のものでも持ち戻しの対象となります。

遺産 3,000 万円を 法定相続分で分けると……	特別受益の持ち戻しをすると…… （3,000 万円＋ 1,000 万円） → 4,000 万円
妻　1,500 万円 (1/2) 子 1　750 万円 (1/4) 子 2　750 万円 (1/4)	妻　2,000 万円 (1/2) 子 1　1,000 万円 (1/4)-1,000 万円 =0 円 子 2　1,000 万円 (1/4)

使い込まれた遺産を取り戻したい

chapter.3
2

Q 兄に使い込まれてしまった遺産を取り戻したいのですか。

母が亡くなりました。自宅のほか、多額の預金があったはずなのですが、母と同居していた長男がその多くを自分で使い込んでいました。兄に使い込まれてしまった遺産は取り戻せますか。

A 民法改正により、使い込まれた遺産を相続財産に含めて分割できるようになりました。

別記のように、今回の民法改正によって、使い込みをした相続人が同意しなくても、他の相続人全員が同意すれば、使い込まれた遺産も相続財産に含めて遺産分割できるようになりました。

寄与の対価として遺産の使い込みが発生しているケースもある

遺産の使い込みをよりスムーズに解決するための法整備はできましたが、かといって使い込みの問題が簡単に解決できるわけではありません。

遺産の使い込みは単に遺産を搾取する目的でされたものではなく、寄与の対価として発生しているケースがあるからです。

亡くなった人を長年に渡って介護していたり、仕事などの面で献身的に貢献してきた相続人については、そもそも他の相続人と法定相続分通りの遺産分割をすることに納得していないケースがあります。「介護を一切してこなかった兄弟に、預金を渡したくない」といった思いから、預金を使い込んだり、自分の口座に勝手に移してしまうケースも少なくありません。

このようなケースについては、遺産分割において寄与分が認められる可能性もあり得るため、一概に使い込みだけの問題として扱うことは得策ではありません。

実際に使い込みされやすい財産の種類

実際に使い込みされやすい財産としては、以下のものが挙げられます。

【預貯金】

亡くなった人の銀行口座から勝手に現金を引き出して使い込むパターンが非常に多くみられます。生活費や入院費（また入院にかかる雑費等）としては明らかに考えにくい金額が引き出されている場合などは、使い込みに該当する可能性があります。

預貯金の引き出しに付随してよく話題に上がっていたのが「葬儀費用の引き出し」についてです。法改正以前は「遺産分割が終わるまで、相続人全員の同意がない限り、相続財産である預貯金の引き出しはできない」とされていました。しかし、遺産分割が終わる前の緊急的な引き出しに対する需要があったため、一人で一定額（相続開始時の預貯金額×１／３×引き出す人の法定相続分）までなら引き出しができるようになっています。

【家賃】

亡くなった人がアパート経営をしていた場合、家賃収入を一部の相続人が独り占めして使い込むケースがあります。銀行に口座保有者が亡くなったことを伝えると銀行口座が凍結されるため、家賃を一時的に相続人の代表者の口座に振り込ませることはありますが、一部の相続人が勝手に賃借人と接触して大家であると偽り、家賃の振込先を自分の口座にしてしまうことがあります。

【骨董品などの売却】

骨董品や美術品、宝石類については、所有者がわかりにくいため、勝手に買取業者に持ち込んで売却して、現金を着服するケースがあります。

これらの物品についても、金銭的価値があれば相続財産に該当しますので、遺産の使い込みということになります。

他の法定相続人から
遺留分侵害額請求を受けた

Q 相続人から遺留分侵害額請求されたらどう対応すべきですか？

　夫が「全財産を妻に」と遺言書を遺してくれました。子供はいません。しかし、納骨を終えた後、夫の兄弟たちから具体的な金額とともに、遺留分侵害額請求をする旨の書面が届きました。応じなければいけないのでしょうか。

A 原則的に遺留分侵害額請求には応じなければなりません。しかし、相手の請求額をすべて呑まなければならないかというとそうでもありません。

　遺留分については民法で規定されている絶対的な相続分であり、侵害された相続人から遺留分侵害額請求をされた場合については応じる必要があります。

　質問者の方のケースでは、お子さんがおらず、ご主人のご両親も他界されているということなので、ご兄弟の方々は遺留分を主張できます。

　ただし、請求されている金額をそのまま支払う必要があるということではありません。遺産の範囲や評価など論点は多々あります。言われるがまま支払うのではなく、冷静に内容を理解することが非常に重要です。どのように対応すべきかわからなければ、弁護士等の専門家に相談することが望ましいと考えられます。

ダメージを最小限に留めるには侵害額を正確に算定することが重要

　遺留分の侵害額を計算することは簡単ではありません。

　侵害額を計算するためには、まず相続財産のすべてを把握したうえで、不動産や株式などについては一定の計算方法によって評価額を算出する必要があります。

　遺留分侵害額請求をしてきている相手方が、弁護士に依頼せず、自分自身で

請求をしてきている場合、侵害額自体が間違っていることがよくありますので、そのまま支払いに応じることはとても危険です。専門家に依頼して、独自に侵害額を再計算し、金額が正しいかどうかチェックしましょう。

返還する金額を交渉することもできる

　机上で計算して請求されている金額が概ね正しかったとしても、こちらが専門家に頼むことで、できる限り低く抑えるよう交渉できる可能性があります。

　交渉のポイントとなるのが「特別受益」です。遺留分侵害額請求をされた際、請求者側の相続人が生前に多額の贈与を受けているといった事情があれば、「特別受益」に該当する可能性が出てくるため、その事実を根拠として返還する金額を低くするよう交渉します。

　特別受益については、贈与をした証拠があると非常に有効ですが、ない場合でも事実に基づいて交渉すれば、相手を説得できる可能性もあります。

相続財産の評価額の妥当性についても論点が存在

　相続財産の中に不動産が含まれている場合については、相手が算定している評価額が妥当ではない場合があります。遺留分の侵害額については、不動産の評価額によって引き下げることが可能です。

chapter.3

4 相続放棄を取り消したい

Q 相続放棄を取り消すことはできるでしょうか。

　亡くなった父には莫大な借金があると父の後妻から説明され、半ば強制的に相続放棄の手続きを取りました。ところが、後になって、借金をはるかに上回る財産を父が所有していたことが判明しました。こういう場合、どうすればいいでしょうか。

A 相続放棄は原則的に取り消しや撤回はできません。ただし……。

　相続が発生した際、プラスの財産よりも借金などのマイナスの財産の方が多い場合については、家庭裁判所で相続放棄の手続きをすることによって、借金の相続を回避することができます。ところが、相続放棄はしたものの、様々な事情からやっぱり相続放棄を取り消したい、撤回したいというご相談をいただくことも少なくありません。

　相続放棄をすると、同順位の相続人がいる場合はその方だけが相続人となり、同順位の相続人がおらず次順位の相続人がいる場合はその方が相続人となるため、後から取り消しや撤回ができるとしてしまうと大きな不都合が生じます。そのため、相続放棄については原則として取り消しや撤回はできず、民法でも次のように規定されています（民法第 919 条第 1 項）。

【第 919 条】
第 1 項　相続の承認及び放棄は、第 915 条第 1 項の期間内でも、撤回することができない。
第 2 項　前項の規定は、第一編（総則）及び前編（親族）の規定により相続の

承認又は放棄の取消しをすることを妨げない。

例外として取り消し相続放棄を撤回できるケースもある

　ただし、次のケースについては、例外的に相続放棄の取り消し、撤回が認められる可能性があります（民法第 919 条第 2 項）。

◎相続放棄の申述が受理される前なら

　相続放棄の申述書を家庭裁判所に提出すると、ご本人あてに照会書が郵送され、次のような点について再度確認されます。
・相続放棄の申述が自分自身の意思であるか
・相続放棄をする理由は何か
・既に相続財産を処分、消費していないか
・相続放棄をする意思に変わりがないか

　これらの項目について記載して回答したうえで、家庭裁判所が相続放棄を受理するかどうかを判断します。照会書を提出する前の段階であれば、相続放棄の申述は正式には受理されていないため、取り下げて撤回することが可能です。

◎詐欺や脅迫などで圧力をかけられた場合

　他の相続人から相続財産に借金しかないと言われて相続放棄したが、実際にはプラスの財産が多かった場合や相続放棄をするよう脅迫されるなど圧力をかけられたような場合については、例外的に相続放棄の取り消しが認められることがあります。

　相続放棄を強要するような圧力をかけられている場合は、すぐにでも専門家に相談してください。相続放棄をしてしまうと、一切の相続権がなくなってしまいますし、後から取り消し、撤回をすることは簡単ではありません。相続放棄をする前に相談すれば、専門家である弁護士が窓口となり、圧力に負けて相続放棄をする必要もなくなり、正当な相続分を獲得することが可能になります。

◎その他の場合

　上記以外にも、稀なケースですが、以下のような場合については相続放棄の取り消しや撤回が認められる可能性があります。

・未成年者が法定代理人の同意なしに相続放棄した場合

・成年被後見人ご本人が相続放棄した場合

・後見監督人がいる場合において、被後見人もしくは後見人が後見監督人の同意なしに相続放棄した場合

・被保佐人が保佐人の同意なしに相続放棄した場合

　相続放棄の取り消し、撤回は例外的に認められる可能性が残されています。

　ただし、現実問題としては相続放棄を受理する前段階で家庭裁判所が入念に意思確認を行っているため、ご本人が取り消しや撤回を申し出ただけでは、簡単に認められません。

　「他の相続人に騙された」、「脅されて仕方なく相続放棄した」といった事情がある方は、弁護士に相談することをお勧めします。

相続放棄の
正規の手続きをしなかった

Q 相続分を放棄したのに、父の借金の返済請求を受けました。

　父親が亡くなり、相続財産を調査したところ、自宅不動産のほかに借金がある
ことがわかりました。法定相続人は息子3人で私は三男です。遺産分割協議にて、
借金も含めてすべての財産は、地元に残って家業を守ってきた長男が相続するこ
ととし、次男と私は「借金もあるようだし、財産は要らない」と言って相続分を
放棄しました。

　ところが、一年後、父の借金の債権者から、返済請求が届きました。驚いて確
認すると、長男が家業の資金繰りに困って借金の返済をしなかったため、三男の
私には「法定相続分に相当する金額」を返済する義務があるというのです。納得
がいきません。

A 借金の相続を防ぐなら、家庭裁判所で相続放棄の手続きをしな
ければいけません。

　結論からいえば、債務から完全に逃れるためには、必ず家庭裁判所で相続放
棄の手続きをする必要がありました。

　104 ～ 107 ページで詳しく解説したように、単に他の相続人に対して「自分は
一切相続しない」と口頭で伝えたり、書面で合意を交わしただけでは相続放棄に
はなりません。

6

chapter.3

相続放棄を
するときのマナーに欠けた

Q 相続放棄をしたら、父方のいとこから「借金を押し付けるつもりか」と抗議されました。

母に続いて父が多額の借金を抱えたまま亡くなったので、一人息子の私は家庭裁判所で相続放棄の手続きを取りました。これで借金から逃れたとホッとしていたところ、会ったことのないいとこ（父の弟の長男）から、「借金を押し付けるつもりか」と抗議を受けました。慌てて事情を説明しましたが、お互いに後味の悪さが残り、反省しました。

A 自分が相続放棄をすることで法定相続人になる人には事前に連絡をしましょう。

亡くなった人の子が相続放棄をすると、その人は当初から相続人ではなかったことになるため、たとえ孫がいたとしても孫に代襲相続は発生せず、同順位の相続人がいる場合は、その方だけが相続人となり、同順位の相続人がおらず次順位の相続人がいる場合は、その方が相続人となります。

例えば、子が相続放棄をすると、第二順位の相続人である故人の直系尊属（親、祖父母）が相続人になりますが、直系尊属の方が先に亡くなられていることが多いため、そうなると第三順位の兄弟姉妹が相続人になります。しかし、下位の順位の者は自分に相続権があるかどうかは伝えないとわかりません。

親の借金を相続したくなくて子が相続放棄をすると、最終的に親の兄弟姉妹であるおじやおば（亡くなられている場合はいとこ）に借金を相続させてしまう可能性が出てきますので、相続放棄をする場合については、相続放棄をすることで誰が相続人になるのかを事前に確認したうえでその人にも連絡を取ることが望ましいでしょう。

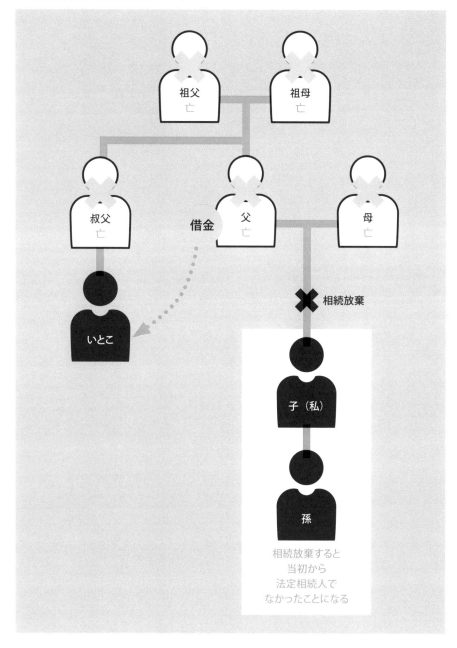

7 遺産を
勝手に処分したら……

 Q 父が亡くなった直後、父の口座からお金を引き出して使った後に、父に多額の借金があることがわかりました。

　父が亡くなった直後、一人息子の私は個人的な借金の返済を迫られていたこともあって、父の預金口座からほとんどのお金を引き出し、返済にあてました。ところが、後になって、父には家族にも内緒にしていた借金があることがわかりました。マイナスが大きく上回ることがわかったので、相続を放棄しようとしたのですが、既に多額の相続財産に手を付けてしまっています。相続放棄はできるのでしょうか。

A 遺産を使ってしまった後では相続放棄はできません。

　相続人が亡くなった人の遺産の全部または一部を処分した場合については、単純承認とみなされます。後で相続しないとすることができません。安易に亡くなった人の遺産を処分してしまうと、相続における他の選択肢を選択できなくなってしまうので、遺産を処分する前に、プラスの財産とマイナスの財産をすべて洗い出して確認するようにしましょう。

chapter.3

8 相続放棄の
届出期限が過ぎてしまった

Q 相続放棄の届出の期限を過ぎてしまいました。父には借金があ
りますが、私はどうなりますか?

父が亡くなりました。仕事が忙しい時期だったので財産調査が遅れ、借金の全
貌がわかったときには、相続放棄の期限である「相続開始を知ったときから3カ
月」を過ぎてしまいました。私はどうなるのでしょう?

A 期限が過ぎてしまっても諦めるのはまだ早い。

既に書いたように、相続放棄については、相続開始を知ったときから3カ月以
内に家庭裁判所で手続きをしなければなりません。そのため、相続が発生したら
速やかに故人の債権債務を徹底的に調査して、遺産の全容を把握する必要があ
ります。もし財産調査で手間取っているようでしたら、積極的に専門家を活用す
ることをお勧めします。

3カ月の期限が過ぎた後になって、借金の存在が発覚してお困りの方の相談を
時々受けます。確かに相続放棄の期限は3カ月ですが、家庭裁判所に対して適
切に主張立証することで、3カ月経過後でも例外的に相続放棄を認めてもらえる
可能性がありますので諦めてはいけません。

侵害された
相続権を取り戻したい

Q 伯父の遺産を一人で相続した長男（自分の従兄）が実は相続
廃除されていたことがわかりました。

　ほとんど付き合いのない父方の伯父が亡くなりました。伯父の遺産は一人息子
が相続したと聞いていましたが、最近になって、その息子は若いときから問題児
で、家庭内外で度々事件を起こしてきており、伯父から相続廃除されていたこと
を知りました。その息子に子供はいません。こうした場合、遺産はどうなるのでしょ
うか。

A 相続財産を取り戻す相続回復請求権があります。

　本来の相続人ではないのに相続してしまっている人を「表見相続人」といいま
す。
　そもそも遺産相続で遺産の名義を変更する際には、戸籍謄本など様々な書類
を添付するため、相続人を間違えるということはほとんどありませんが、希に次
のようなケースについては、後から表見相続人であることが発覚する場合があり
ます。
・相続欠格や廃除があるケース
・偽りの届出で親子になったケース
・無効な養子縁組があるケース
　亡くなった人から生前に相続人としての地位を剥奪されていた人、被相続人や
相続人を殺害した人については、たとえ法定相続人として該当する場合でも、相
続人としての地位はありません。
　ただ、これらの事実については、証拠を提示されないと家族以外の第三者は
確認ができないため、そのまま知らずに手続きが進んでしまうことがあるのです。

また、出生届や認知届を偽造するなどして親子関係を形成していることが判明した場合は、相続人としての地位はないため、本来の相続人は遺産を返還するよう請求できます。

　さらに、何らかの不備や手違いで無効な養子縁組であることが発覚した場合は、相続人としての地位がなかったことになるので、相続回復請求の対象となります。

相続回復請求権とは

　相続回復請求権とは「侵害された相続権を取り戻すための権利」のことです。根拠となるのは、民法の次の条文となります。

【第884条】相続回復の請求権は、相続人又はその法定代理人が相続権を侵害された事実を知った時から5年間行使しないときは、時効によって消滅する。相続開始の時から20年を経過したときも、同様とする。

　当然の権利ですが、5年と20年の時効消滅がある点に注目しなければなりません。5年の時効のスタート日である起算点については、相続が開始した日ではなく、自分自身が本当は相続人で、遺産分割から除外されていることを知った日となります。

本来の相続人以外でも相続回復請求ができる場合がある

　相続回復請求ができるのは、本来の相続人はもちろんのこと、次の人についても可能です。
・包括受遺者
・相続分の譲受者
・遺言執行者
・相続財産管理人

　遺言書によって遺贈を受けた受遺者も相続回復請求が可能ですが、特定の財産だけ指定して遺贈を受けている特定受遺者については、相続回復請求権がありませんのでご注意ください。

知らない女性が
遺産の受取人になっていた

Q　父の遺言書を読んだら、よく知らない父の知人女性が財産のすべてを相続することになっていました。

　ここ数年、疎遠になっていた田舎の父が亡くなり、遺された遺言書を読んでみたら、最近、ちょくちょく実家に来ては、父の身の回りの世話をしていたらしい女性が財産のすべてを相続することになっていました。唖然としています。どうすればいいでしょうか。全財産どころか、１円たりとも渡したくないのですが。

A　遺言書が偽造されたものではなく、書式としても不備がない場合は、遺留分侵害額請求によって侵害相当額だけでも金銭債権として取り戻します。

　法定相続人（兄弟姉妹を除く）には、「遺留分」という権利が認められていますので、相談者の方にも最低限の相続分は保障されています（74 ページ参照）。
　済んでしまったことは仕方ありませんが、子供たちの目が実家から離れているときに、他人が頻繁に出入りしているような場合には注意が必要です。

自筆証書遺言が
無効になってしまった

Q 父の遺してくれた遺言書が作成日の不備が原因で無効になってしまいました。

　父は争族を心配して自筆証書遺言を遺しておいてくれたのですが、日付のところが「○年○月吉日」となっていたために無効とされてしまいました。

A 自筆証書遺言は手軽に作成できますが、無効となるリスクも高いです。

　相続トラブルを防止する対策として、遺言書作成は有効な対策の一つです。ところが、遺言書はただ作成すればいいというものではなく、法律の規定に従った形式で作成されていないと無効になってしまうこともあります。

　遺言書の中でも最も手軽に作成できるのが「自筆証書遺言」です。自らが直筆で書く遺言書で、公証役場に持ち込む必要もないため、思い立ったときにすぐ作成できます。

　しかし、無効となってしまうことも多いのが、自筆証書遺言の特徴です。

遺言書が無効になるケースと作成時の注意点
◎日付の記載漏れで無効になるケース
　遺言書を作成する際に絶対に忘れてはならないのが「日付」です。いつ作成したものか日付が特定できない遺言書については、残念ながら「無効」となってしまいます。

　民法の規定は次の通りです。

【民法 968 条】
第 1 項　自筆証書によって遺言をするには、遺言者が、その全文、日付及び氏

名を自書し、これに印を押さなければならない。

　日付については、年月日が特定できれば問題ないので、令和などの元号表記でも、西暦表記でも問題はありません。「還暦の日」といった記載でも特定ができれば問題はありませんが、別途証明するために書類が必要になる可能性もあるため、原則としては通常通り年月日で記載することをお勧めします。

　また、○年○月吉日といった書き方をする方が時々いますが、この表記では日時の特定ができないため、遺言書は無効となってしまいます。

遺言は更新することが許されているため日付は重要に取り扱われる

　遺言書は一度作成しても、その後何回でも修正することが可能です。作成した遺言書自体に修正を加えることもできますが、全く新しく作り直すこともできます。

　例えば、公証役場で公正証書遺言を作成した数年後、直筆の自筆証書遺言で作り替えることも可能です。遺言書の優先順位については、遺言書の形式に関係なく「日付」の新しいもので判断されます。そのため、複数の遺言書が発見された場合については、作成日の日付が一番新しいものを最新の遺言書として扱います。こういった意味からも、遺言書に書く日付はとても重要と捉えられています。

○パソコンで打ち出していて無効になるケース

　自筆証書遺言は、ご本人が直筆で書くことが要件とされているため、パソコンで入力して印刷したものについては、たとえご本人が署名捺印したとしても無効になってしまいます。

　どうしてもパソコンを使って遺言書を作成したい場合については、秘密証書遺言にするという手段があります。秘密証書遺言という様式であれば、全文をパソコンで打ち出した遺言書でも有効な遺言書として成立します。

　ただし、それを印刷して公証役場に持ち込んで、証人 2 名立ち会いのもと封筒に公証人から署名捺印をもらう必要があるため自筆証書遺言よりも手間と費用がかかる点はデメリットです。相続発生後については、自筆証書遺言と同様に、検認という手続きを家庭裁判所で行う必要があります。

財産目録はパソコンでの打ち出しも有効

　昨今の法改正により、今後の自筆証書遺言は「財産目録」の部分については直筆だけではなく、パソコンで打ち出したものでも有効になります。

　財産目録とは、相続の対象となる財産の一覧表のことで、預金であれば銀行名、支店名、口座番号など、不動産であれば地番、家屋番号、地積など財産が特定できるよう正確に書かなければなりません。複数の資産をお持ちの方が自筆証書遺言を作成する場合、財産目録を直筆で作成することがかなりの負担となっていたことが法改正の背景にあったと考えられます。ただし、パソコンで打ち出したものを財産目録とする場合についても、一定のルールはありますので専門家に相談された方が確実でしょう。

・遺言書の訂正の仕方が間違っていて無効となるケース

　自筆証書遺言は直筆での記載が求められるため、途中で書き間違えたとしても、書き直さずに訂正してそのまま作成するケースが多く見受けられます。書き間違えた遺言書を訂正することは可能ですが、訂正の仕方についても民法で次のように厳格に規定されています。

【民法 968 条】
第 2 項　自筆証書中の加除その他の変更は、遺言者が、その場所を指示し、これを変更した旨を付記して特にこれに署名し、かつ、その変更の場所に印を押さなければ、その効力を生じない。

　よって、単に二重線で消して訂正しただけでは無効であり、訂正箇所に押印が必要です。そのうえで、空いているスペースに「〇行目〇文字削除、〇文字追加」といったように追記し直筆で署名する必要があります。

12 遺言書が原因で兄弟不和に

Q 父が善意で遺した自筆証書遺言の内容によって、家族間で泥沼の対立が生まれてしまいました。

　父は、自分の死後に「争族」になることを避けようと、自筆証書遺言の書き方をネットで調べ、書式的に不備のない遺言を遺していました。ところが、その内容が偏っており、法定相続人の遺留分を無視するような内容になっていたため、親族が遺言の偽造や修正を疑ったり、遺留分侵害額請求をするなどして、むしろ感情的な対立がひどくなってしまいました。

A 遺言書を作成するときには相続に詳しい専門家に相談すべきでした。

　遺言書はただ作成すればよいというものではありません。

　遺言書には、ご本人の意思を残すことと、相続発生後の紛争を予防するという2つの目的がありますが、内容が適切でないと、かえってトラブルの火種となってしまう可能性もあります。

　例えば、ご本人の意思だけを優先して遺言書を作成すると、遺留分を大きく侵害する内容になってしまうことがあり、相続発生後に遺留分侵害額請求が発生して紛争化するのは典型的なトラブル例です。

　相続に詳しい専門家は、ご本人の意向を理解し、遺留分などの法的な見解についてもきちんと伝えたうえでアドバイスができます。

　また、遺言書を残したとしても、相続人の中に遺言書の内容に反対する人が出てくると、遺産分割がスムーズに進まないことも少なくありません。遺言書による遺産分割をスムーズに進めるために、遺言作成を相談した専門家を遺言執行者として指定するのも一つの有効な方法です。

まとめ

【争族・トラブルになりやすい代表的な要因】

☐　相続財産が少ないので別に心配していない。

☐　日頃から家族間でトラブルを抱えている。

☐　特定の子供あるいはその配偶者だけが親の介護を担っている。

☐　自分の兄弟姉妹にお金にうるさい配偶者がいる。

☐　日頃から、あるいは、遺言の中で被相続人が相続人たちに自分の思いをきちんと伝えていない。

☐　この数十年、やりとりのない家族がいる。

☐　法定相続人の中に認知症の人がいる。

☐　借金で首の回らない家族・親族がいる。

☐　子供がおらず、両親も亡くなっているが兄弟姉妹はいる。

☐　自宅以外にほとんど財産がない。

☐　長年、実家からは目を離している。

☐　親の財産を同居している特定の子供が管理している。

☐　配偶者に連れ子がいる。

☐　相続人の数が多い。

☐　特定の子供に対して他の子供とのバランスを欠いた援助を行ってきた。

☐　親の財産がどのくらいあるのか見当がつかない（額に限らず）。

☐　自筆証書遺言をつくっている。

☐　自筆証書遺言をつくっていない。

☐　父親に愛人がいた。

☐　実家に子供たちの知らない人間が頻繁に出入りしている。

【できるだけ早めに相続の専門家に相談した方が良い理由】

「はじめに」にも記しましたが、本書に書いた内容は基礎的な一般論です。

特に相続にまつわることについては、専門家でない方がインターネットなどで調べた知識をもとに独自で判断し、解決しようとすると、かえって不利益を被ったり、トラブルの火種になってしまう可能性があります。

ここでは、私たちのような相続案件の経験が豊富な専門家チーム（弁護士、税理士、不動産鑑定士など）に早めに相談することのメリットを記しておきたいと思います。

こう書くとPRのようですが、そうではありません。もちろん、ご依頼をいただければありがたいことですが、私たちが願っているのは、全国の読者の方に遺産相続の過程で不利益を被ることなく、適正な権利を確保していただきたいということです。

相続は「争族」とも言われるように、当事者同士だけで話し合いをすると感情的になり、落としどころを見つけることができずに、話がよけいにこじれてしまうことも多々あります。

本文にも書いている通り、遺産相続については、人によって目的とするゴールは違い、そこに至るまでの方法論が多様です。実際、一般の方が考えているよりも、多くの選択肢があります。

ただし、何事においても、その道の専門家を頼る時期が遅ければ遅いほどベストの解決が難しくなるもの。そのため、できれば、《亡くなった直後に必要な諸手続き》を終えた段階で、依頼の有無にかかわらず専門家にご相談いただくことをお勧めいたします。

第 4 章

相続税と名義変更

1 相続財産の名義変更をする

ここをチェック!

● 金融機関には所定の書類を提出する

● 株式の場合は相続人がその証券会社に口座をつくらなければいけないことが多い

● 不動産は所有権移転登記を行う。期限はないか速やかに行った方がよい。放っておく
　と後でトラブルの種にもなる

名義をそのままにしておくとリスクが発生することも

　相続する財産が決まったら、故人から相続人への名義変更手続きをする必要が
あります。

　遺産の名義変更手続きの中でも、比較的多くの方が経験する可能性が高い、
銀行関係と不動産関係の名義変更については、近年の法改正により手続きが非
常に行いやすくなりました（158ページ参照）。

　遺産分割協議と比べ、名義変更手続きは後回しにされるケースがよく見受けら
れます。相続税申告などのように手続きに期限が設定されていないため、つい後
回しになりがちですが、長期間放置しているとデメリットが発生する恐れのあるこ
とにも留意しておかなければなりません。

　例えば、名義変更手続きが終わらないまま相続人が死亡して二次相続が発生し
てしまうと、簡単にできたはずの名義変更手続きが、二次相続の相続人の協力
がなければできなくなってしまいます。手続きや書類も複雑になってしまうので、
名義変更手続きは遺産分割協議が終わり次第早めに行うことをお勧めしていま
す。

売却するには名義変更が必要

　不動産など高額な資産については、名義変更手続きをしてからでないと、売却
したり、担保に入れることはできません。賃貸物件を相続する場合については、
賃借人に対して自分が大家であることを証明するにあたり、名義変更後の登記簿

謄本の写しを見せるといった対応も必要になります。

【不動産】

　不動産を相続した際には、法務局で相続を原因とする所有権移転登記を行って、所有者の名義を変更する必要があります。この登記手続のことを一般的に「相続登記」といいます。相続登記の手続きにあたっては、主に次のような書類が必要となります。

【亡くなられた方に関連する書類】

・死亡から出生までの戸籍謄本、除籍謄本、改製原戸籍
・住民票の除票または戸籍の附票の除票

【相続人に関連する書類】

・法定相続人の戸籍謄本
・遺産分割協議書（相続人全員の印鑑証明書が必要）
・不動産を相続する人の住民票
・固定資産税評価証明書
・対象となる物件の登記簿謄本

【預貯金】

　口座名義人が亡くなったことを金融機関に連絡します。必要な書類や書式は金融機関ごとに、さらに、遺言書があるかないか、遺言執行者がいるかいないかなどでも異なるので、事前に金融機関に相談し、その指示に従って必要書類を準備し提出します。

【有価証券】

　亡くなった人が口座を持っていた証券会社に連絡をします。これも遺言書の有無などによって提出する書類が変わるので、その会社の指示に従って書類を準備し提出します。

　相続人がその会社に口座を持っていない場合には、口座をつくる必要があります。

　また、非上場株式を持っている場合には、その株式を発行する会社に連絡します。

法定相続情報証明制度により、名義変更手続きがとても簡単に

　相続登記をするだけでも一苦労ですが、銀行口座や株式の名義変更などにおいても、概ね同じような書類が必要になるため、相続人が取得しなければならない書類は膨大な量に及ぶことがあります。

　また、名義変更する人が法的に相続人となり得るのかについて、法務局、銀行、証券会社などで個別に確認するため、名義変更するまでにかなりの時間と手間がかかります。

　そこで、相続による名義変更手続きを簡略化してスムーズにするために、平成29年5月29日から「法定相続情報証明制度」の運用が開始されました。

法定相続情報証明制度とは

　これまで名義変更手続きをする際には、関係機関が独自に戸籍謄本などの書類を見て相続人が誰なのかをその都度確認していましたが、法定相続情報証明制度では、この確認作業を法務局に集約することとしました。

　相続人が「法定相続情報一覧図」と呼ばれる亡くなられた方と相続人との家系図のような一覧表を作成して、法務局の登記官に確認してもらうことで、法務局の認証を受けることができ「法定相続情報一覧図の写し」という書類を発行してもらえます。法定相続情報一覧図の写しが、法務局が認めた証明書となり、相続登記以外の銀行口座や証券会社の名義変更の際にも使用可能となりました。

　つまり、法務局が一度法定相続人について確認すれば、あとは法定相続情報一覧図の写しがあれば、戸籍謄本などの添付書類を省略して名義変更手続きをしてくれるということです。

2 相続税について確認する

● 相続税は相続財産の合計額が基礎控除額を超えた場合に申告する

● 基礎控除額の計算方法は、《3,000 万円＋ 600 万円×法定相続人の数》

● 配偶者の税額軽減などの特例制度がいくつかある

相続税を申告しなければいけないケース

相続財産の評価が終わったら、相続税を支払う必要があるかどうかを計算します。

相続税には、遺産にかかわる基礎控除額があり、相続財産の合計がその金額を超えなければ申告する必要はありません。

逆にいうと、控除額を超えた分に対しては課税されるということです。

＊相続時精算課税制度（190 ページ参照）によって既に納めた贈与税があるときは、相続税を申告することで還付を受けられる。時効は相続開始の日の翌日から 5 年。

基礎控除額の計算方法は次の通りです。

> 3,000 万円＋ 600 万円×法定相続人の数　＝　遺産にかかわる基礎控除額
>
> ＊法定相続人の数は、相続放棄をした人がいたとしてもその放棄がなかったときの人数。
> ＊亡くなった人に養子がいる場合、法定相続人に含めることができる人数は、実子がいるときは 1 人まで。実子がいないときは 2 人まで。

例えば、法定相続人が 2 人の場合、基礎控除額は 4,200 万円まで相続税はかかりません。

（3,000 万円＋ 600 万円× 2 ＝ 4,200 万円）

相続財産の合計が基礎控除額を超えている場合は、その超えている部分に対して税金がかかります。

例えば、相続財産が 8,000 万円あって法定相続人が 2 人の場合、8,000 万円から 4,200 万円を引いた 3,800 万円に対して相続税がかかるというわけです。

相続税の申告と納税期限は10カ月以内

　相続税の申告は、相続開始があったことを知った日の翌日から10カ月以内です。

　期限に遅れて申告と納税をしたときには、原則として、加算税や延滞税がかかります。

相続税がかかる財産は

　相続税がかかる財産は、土地や建物、株式などの有価証券、預貯金などに加えて、以下のものも課税対象になります。

・みなし相続財産（生命保険金、退職金のうち一定の金額）→ 166ページ参照
・相続時精算課税の適用財産（亡くなった人から生前に贈与を受け、同制度を適用して贈与税を申告していた場合、相続税の対象になる）→ 190ページ参照
・相続開始前3年以内に受け取っていた暦年課税適用財産　→ 190ページ参照

　その一方で、お墓や仏壇などには相続税はかかりません。

相続財産から控除できるのは

　亡くなった人の借金や未払金、納めていなかった税金などは、相続財産の価額から差し引きます。

　また、相続人が負担した葬儀費用も同様です。ただし、葬儀費用には、墓地などの購入費用のほか、香典返しや法要に関する費用は含みません。

3 相続財産を評価する

● 相続財産の評価は難易度の高い作業であり、税理士などの専門家に任せた方が確実

● 土地の評価は路線価方式か倍率方式で、建物の評価は固定資産税額が基本です

● 生命保険金と退職手当金は、「法定相続人の数× 500 万円」を非課税財産として控除することができる

遺産分割協議の基本は「時価」

不動産が相続財産に含まれる場合では、高い確率で相続税が生じることから、相続税評価額をもとに遺産分割協議をしているケースがよくあります。

相続税については、路線価や固定資産税評価額など一定の基準に基づいて評価額を算出しなければなりませんが、遺産分割協議においては必ずしもそうとは限りません。

遺産分割協議の際の基準となる不動産の評価額については、相続人全員が合意していれば、どのような基準で評価しても原則として問題ありません。ただ、相続税評価額とすると、実際に売却した場合の価格に比べ非常に安くなってしまい、不動産を相続しない相続人の反発が予想されるため、通常は「時価」、つまり、実際に不動産会社を通して市場で売却した場合の査定額を基準に遺産分割をするのが一般的です。

【土地（宅地）】

遺産の分け方をめぐって話し合う遺産分割協議において、非常に重要な要素となるのが「不動産の評価額」です。

不動産は相続財産の中でも、非常に多くの価格割合を占めることが多いため、不動産をいくらで評価するのかによって、遺産分割の行方は大きく変わってきます。

不動産については、そのもの自体に金額が表示されているわけではないため、一定の基準に従って評価する必要があります。不動産を評価する一般的な方法と

しては、「路線価方式」か「倍率方式」で行います。

◎路線価方式

　路線価とは、国税庁が発表している1㎡あたりの土地の評価額のことで、1月1日時点を基準として毎年7月に発表されます。国税局長が定める公示地価の80％が目安とされているため、実際の売却価格よりも割安な金額です。相続財産に土地が含まれている場合については、路線価を用いて評価額を算出するケースが一般的です。

　路線価は国税庁のホームページから閲覧できる路線価図に1,000円単位で記載されています。例えば「270D」と記載されている場合、路線価は1㎡あたり270,000円で借地権割合が60％です。借地権割合は賃貸不動産の評価額を計算する際に用いる数値になります。

　路線価が270,000円で土地の面積が100㎡であれば、次のようになります。
270,000円×100㎡＝27,000,000円

　路線価に、土地の面積と補正率（宅地の形状などに応じた、利用しやすさの指標）をかけて算出します。

《 路線価 × 補正率・加算率 × 地積 ＝ 土地の評価額 》

◎倍率方式

　倍率方式は、路線価が定められていない地域で採用されている方式です。

　原則として、固定資産税評価額に、一定の地域ごとにその地域の実情に合った倍率をかけて、土地の評価額を計算します。

《 固定資産税評価額 × 倍率 ＝ 土地の評価額 》

■路線価図の例

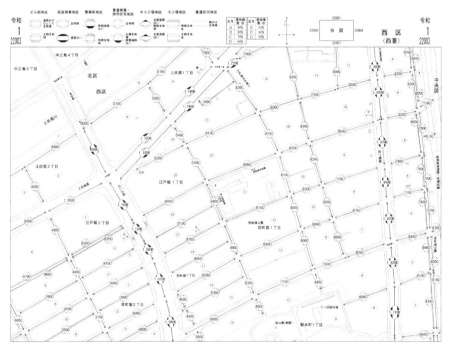

（国税庁のホームページより）

市区町村名：堺市南区　　　　　　　　　　　　　　　　　堺税務署

音順	町（丁目）又は大字名	適 用 地 域 名	借地権割合 %	固定資産税評価額に乗ずる倍率等						
				宅地	田	畑	山林	原野	牧場	池沼
い	泉田中	農用地区域	—		純36	純41	—			
		上記以外の区域								
		1　府道堺泉北環状線（泉北南線）沿い	50	1.1	中89	中132				
		2　上記以外の地域	50	1.1	中42	中77	中43	中43		
	稲葉1～3丁	全域	—	路線	中38	45	中31	中31		
	岩室	三原台槇塚台線以北の地域	—	路線	中56	中65	中46	中46		
		上記以外の地域	50	1.2	中39	中50	中42			
お	大庭寺	全域	—	路線	中38	中50	中42	中42		
	大森	全域	—	路線	中48	中58	—	中44		
か	片蔵	農用地区域	—		純34	純37				
		上記以外の区域								
		1　府道堺泉北環状線（泉北南線）沿い	50	1.1	中83	—	中86			
		2　上記以外の地域	50	1.1	中38	中66	中61	中61		
	釜室	農用地区域	—		純35	純37	—			
		上記以外の区域	50	1.1	中38	中62	中49	中49		
こ	小代	市街化区域	—	路線	比準	比準	比準	比準		
		市街化調整区域	—	路線	中35	中59	中47	中47		
さ	逆瀬川	全域	50	1.2	中35	中53	中45	中45		
た	太平寺	全域	—	路線	中37	—	中48	—		
	高尾1～3丁	全域	—	路線	中40	中51	中30	中30		
と	栂	主要地方道堺かつらぎ線（泉北2号線）沿い	50	1.2	中52	—	—	—		
		上記以外の地域	50	1.2	中40	中77	中61	中61		
	富蔵	農用地区域	—		純34	純47				
		上記以外の区域	50	1.2	中36	中51	中39	中39		
	豊田	市街化区域	—	路線	比準	比準	比準	比準		
		市街化調整区域								
		1　府道堺泉北環状線の内側の地域	—	路線	中64	中75	中80	中80		
		2　上記以外の地域	50	1.1	中47	中53	中32	中32		

（国税庁のホームページより）

【建物】

　建物の評価額については、基本的に固定資産税評価額を用います。

　固定資産税評価額とは、固定資産税を計算する際の基準となる建物の評価額のことで、不動産の所在地を管轄する役所から届く納税通知書で確認することが可能です。納税通知書が手元にない場合でも、都内であれば都税事務所、それ以外であれば市区町村にて確認できます。

【預貯金】

　原則として、相続開始日の預入残高と、解約したときの利子の合計額で評価します。ただし、定期預金以外などの利子の額の少ないものに限り、相続開始日現在の預入残高で評価します。

【上場株式】

　上場株式とは、金融商品取引所に上場されている株式のことです。

　相続または遺贈の場合は、被相続人が亡くなった日の最終価格によって評価します。

　ただし、課税時期の最終価格が、次の価額のうち最も低い価額を超える場合はその最も低い価額により評価します。

　つまり、次の4つの中の最も低い額が評価額になります。

・相続を開始した日の最終価格
・相続を開始した月の最終価格の月平均額
・相続を開始した月の前月の最終価格の月平均額
・相続を開始した月の前々月の最終価格の月平均額

【非上場株式】

　非上場株式の評価は、株主がその会社の経営支配力を持っている同族株主か、それ以外かによって評価方式が変わります。

　その会社の支配権を持っていることから前者は高く評価され、支配権のない後者は安く評価されます。

◉原則的評価方式

　その会社の経営支配力を持っている同族株主の場合は、原則的評価方式を使います。

　この方式は、その株式を発行した会社を大会社、中会社、小会社の3つに区分したうえで、それぞれ、原則として次のような方法で評価するものです。

・大会社……原則的に、類似業種の株価を基準にした「類似業種比準方式」
・小会社……原則的に、「純資産価額方式」
・中会社……上記2つの方法を併用

◉特例的な評価方式

　経営支配力を持っていない株主が取得した株式等については、その会社の規模に関係なく、特例的な評価方式の「配当還元方式」で評価します。

　この方式は、その株式の1年間の配当金額を10%で還元して元本である株式の価額を評価する方法です。

　ここでは分類だけを簡単に書きましたが、非上場株式の評価については、一般の方には難しいため、専門家の力を借りる方が確実です。

【生命保険金】
【死亡退職金】

　被相続人が亡くなったことによって支払われる生命保険金と退職金については、民法上では受取人固有の財産です。しかしながら、相続税法上では相続税の課税対象になり、これを「みなし相続財産」といいます。

　これらのみなし相続財産は、次の計算式のように、一定の金額まで非課税財産として控除されます。

＜非課税金額の計算方法＞
《 受取金額 － 500万円 × 法定相続人の数 ＝ 非課税金額 》

4 相続税を算出する

ここをチェック!

- 遺産額→《財産の総額－非課税財産－債務－葬儀費用＋相続開始前3年以内の贈与財産》
- 課税対象となる遺産額→《課税価格の合計－基礎控除＝課税遺産総額》
- 各人の税額 → 特例制度などを使って算出する

具体的な計算例

　例えば、亡くなった人の遺した財産が合計1億円で、妻が6,000万円、子2人がそれぞれ2,000万円ずつ相続し、妻に「配偶者の税額軽減」の特例が適用されたケースで計算してみます。

①相続税の税率

取得金額	税率	控除額
1,000万円以下	10%	－
1,000万円超、3,000万円以下	15%	50万円
3,000万円超、5,000万円以下	20%	200万円
5,000万円超、1億円以下	30%	700万円
1億円超、2億円以下	40%	1,700万円
2億円超、3億円以下	45%	2,700万円
3億円超、6億円以下	50%	4,200万円
6億円超	55%	7,200万円

手順① 相続財産を評価する

この場合、合計 1 億円という設定ですが、計算式は次のようになります。

《財産の総額－非課税財産－債務－葬儀費用＋相続開始前 3 年以内の贈与
財産》

手順② 基礎控除額を引いて課税分の遺産額を算出する

相続税には、《3,000 万円 ＋ 600 万円 × 法定相続人の人数》の基礎控除額
がありますので、このケースでの課税分の遺産額は、

《1 億円 －（3,000 万円 ＋ 1,800 万円）＝ 5,200 万円》

となります。

手順③ 課税分の遺産額を法定相続分に従って分けた場合の税額を算出する

・妻

5,200 万円 × 1/2 ＝ 2,600 万円 → この金額の税率は 15%（控除額 50 万円）
だから、

2,600 万円 × 15% － 50 万円 ＝ 340 万円

・子（1）

5,200 万円 × 1/4 ＝ 1,300 万円 → この金額の税率は 15%（控除額 50 万円）
だから、

1,300 万円 × 15% － 50 万円 ＝ 145 万円

・子（2）

　上記と同じ計算で税額は 145 万円

3 人の合計の課税額は、

《340 万円 ＋ 145 万円 ＋ 145 万円 ＝ 630 万円　》

・妻

取り分は 1 億円のうち 6,000 万円なので割合は 60%だから、

《630 万円 × 60% ＝ 378 万円》

・子（1）

取り分は 1 億円のうち 2,000 万円ずつなので割合は 20%だから、

《630 万円 × 20% ＝ 126 万円》

・子（2）

上記と同じく 126 万円

・妻 → 0 円　配偶者の税額軽減（1 億 6,000 万円まで非課税）

・子（1）→ 126 万円

・子（2）→ 126 万円

■相続税の早見表

※課税価格＝相続財産－債務・葬儀費用
※配偶者の税額軽減を法定相続分まで活用するものとする。
※子供はすべて成人とする。
※小数点以下は四捨五入。

②配偶者のいる場合

（単位：万円）

課税価額 ＼ 子供の数	1人	2人	3人	4人
5,000	40	10	0	0
6,000	90	60	30	0
7,000	160	113	80	50
8,000	235	175	138	100
9,000	310	240	200	163
10,000	385	315	263	225
15,000	920	748	665	588
20,000	1,670	1,350	1,218	1,125
25,000	2,460	1,985	1,800	1,688
30,000	3,460	2,860	2,540	2,350
35,000	4,460	3,735	3,290	3,100
40,000	5,460	4,610	4,155	3,850
45,000	6,480	5,493	5,030	4,600
50,000	7,605	6,555	5,963	5,500
60,000	9,855	8,680	7,838	7,375
70,000	12,250	10,870	9,885	9,300
80,000	14,750	13,120	12,135	11,300
90,000	17,250	15,435	14,385	13,400
100,000	19,750	17,810	16,635	15,650

(単位：万円)

課税価額 \ 子供の数	1人	2人	3人	4人
5,000	160	80	20	0
6,000	310	180	120	60
7,000	480	320	220	160
8,000	680	470	330	260
9,000	920	620	480	360
10,000	1,220	770	630	490
15,000	2,860	1,840	1,440	1,240
20,000	4,860	3,340	2,460	2,120
25,000	6,930	4,920	3,960	3,120
30,000	9,180	6,920	5,460	4,580
35,000	11,500	8,920	6,980	6,080
40,000	14,000	10,920	8,980	7,580
45,000	16,500	12,960	10,980	9,080
50,000	19,000	15,210	12,980	11,040
60,000	24,000	19,710	16,980	15,040
70,000	29,320	24,500	21,240	19,040
80,000	34,820	29,500	25,740	23,040
90,000	40,320	34,500	30,240	27,270
100,000	45,820	39,500	35,000	31,770

5 特例制度を使う

● 相続税には各種の特例がある

● 配偶者は 1 億 6,000 万円か法定相続分のどちらか高い金額まで相続税がかからない

● 小規模宅地等では 80％減または 50％減で評価してもらえる制度がある

　相続税にはいくつかの特例があり、上手に利用すると納税額を低く抑えることができます。ここでは代表的な特例を 2 つだけ記しておきます。

配偶者に対する相続税額の軽減

　亡くなった人の配偶者は、遺産分割や遺贈により実際に取得した正味の遺産額が、① 1 億 6,000 万円、あるいは、②法定相続分相当額の、どちらか多い金額までは相続税がかかりません（167 ページ参照）。

　ただし、この軽減制度は、仮装または隠蔽されていた財産については適用されません。その後の税務調査で修正申告することのないよう注意が必要です。

小規模宅地等についての相続税の課税価格

　小規模宅地等の減額とは、事業用や居住用の宅地等を相続した場合、一定の面積までは 80％減あるいは 50％減の評価となる制度です。それ以上の面積については通常の方法で評価されます。

　ただし、この特例を受けるには、いくつか要件があります。例えば、配偶者は無条件で受けられますが、同居家族の場合は同居の定義にかなうことや、申告期限までその土地を持ち、そこに住み続けることなどが条件になります。また、別居家族でも受けられる要件がありますので、詳しいことは税理士に相談するとよいでしょう。

■土地の区分と面積と減額率

特定居住用宅地等（自宅）

：330 平方メートルまで 80%

特定事業用宅地等及び特定同族会社事業用宅地等

：400 平方メートルまで 80%

貸付事業用宅地等

：200 平方メートルまで 50%

6 相続税を納付する

● 相続税は原則的に「金銭一括納付」

● ただし、例外として延納と物納の制度がある

● 10 カ月の期限を過ぎた場合にはペナルティがある

申告と納税方法

　相続税は、相続開始の日の翌日から 10 カ月以内に金銭で一括納付するのが原則です。

　ただし、現金納付が難しい人のために、例外として延納と物納が認められています。

　延納は、担保の提供を条件に相続税の元金均等年払いをする方法です。期間は最長 20 年。利子税も負担することになります。

　また、相続税に限っては、延納によっても金銭で納付することが難しい事由がある場合には、その納付を困難とする金額を限度に、一定の相続財産による物納が認められています。

　なお、物納できる財産の順位は次の通りです。

■物納できる財産の順位

第 1 順位	国債、地方債、不動産、船舶
第 2 順位	社債、株式、証券投資信託及び貸付信託の受益証券
第 3 順位	動産

ここに注意!

申告期限後に財産を分割した場合

　もし 10 カ月以内に財産を分割できなかったときには、「小規模宅地等についての相続税の課税価格」や「配偶者に対する相続税額の軽減」などの特例が受けられなくなり、納税額がかなり大きくなることが考えられます。

　ただし、相続税の申告書に「申告期限後 3 年以内の分割見込書」を提出することなどで、前記の特例などを受けることができます。

5 件に 1 件で税務調査、実地調査のうち 8 割で非違が見つかる

　相続税を期限内に、また、適切に納めなかった場合は、以下のようなペナルティがあります（税率が軽い順）。

・延滞税

・過少申告加算税

・無申告加算税

・重加算税

　この中で最も税率が重いのが、隠蔽などにより故意に税を逃れようとしたときに課せられる重加算税で、過少申告の場合で 35％、無申告の場合で 40％となっています。

　ちなみに、国税庁によると、平成 29 事務年度に行った実地調査は 1 万 2,576 件。うち申告漏れなどの非違があった件数は 1 万 521 件でした。つまり、税務調査が入ったケースでは 80％以上で納税に問題があったことになります。

　また、同じ 29 事務年度に、文書や電話による連絡、来署依頼による面接などによって、申告漏れ、計算誤りなどを是正する「簡易な接触」は 1 万 1,198 件。うち申告漏れなどの非違や回答等があったのは 6,995 件。6 割超となっています（※回答とは、無申告が想定される者への書面照会に対する回答件数や、書類の提出依頼に対する書類提出件数のこと）。

　税務調査は、相続税の申告件数のおよそ 5 件に 1 件は行われています。

　隠蔽はもちろんいけませんが、故意でなくとも過少申告になってしまうこともありますので、やはり、相続に強い税理士などの専門家に依頼することをお勧めします。

第 **5** 章

相続対策

1 遺言書をつくる

● 適切な遺言書を作成することで、相続発生後の紛争やトラブルを回避できる

● 遺言書があれば遺産分割協議書も不要となる

● 遺言書作成と相続税対策が同時にできる

なぜ遺言書を残すことが相続対策になるのか?

　遺産相続の事前対策として非常に効果的で、多くの方からの関心を集めているのが「遺言書」です。自分自身の相続で次の世代がもめることは誰しもが回避したいところですが、適切な遺言書を作成しておくことで相続発生後の紛争やトラブルを回避することができます。

　遺産相続が発生した際に遺言書が残されていないと、相続人はそれぞれの相続分について相続人全員で話し合って決めなければなりません。通常は、法定相続分をベースにして分けたりもしますが、相続財産に現預金のほかに不動産や株式などの財産が含まれていると「誰が・何を・どのように」相続するのかについて、意見がまとまらず対立してしまうこともあります。こういったケースでは、遺言書がないと、遺産分割はゼロベースで話し合わなければならないため、様々な面で相続人に大きな負担がかかります。

　一方、遺言書を作成して遺産をどのように分けるのかについて指定しておけば、相続人は遺言書の記載通りに遺産を分けることができます。適切な遺言書を残すことは、相続発生後の紛争を回避し、手続きを円滑化することに繋がるということです。

遺言書があれば遺産分割協議書も不要に

　相続発生後に遺産分割協議が必要な場合については、遺産分割協議がまとまった後に遺産分割協議書を作成して、相続人全員が署名捺印したうえで、印鑑証明書も添付しなければなりません。遺産分割協議書は、遺産の名義を変更する際

の添付書類として提示が求められるため、必ず作成する必要があります。

　ただし、有効な遺言書が残されていれば、遺言書が遺産分割協議書の代わりとしての役割を果たしてくれるため、別途遺産分割協議書を作成する必要はなくなります。

遺言書作成と相続税対策を同時にする

　また、相続に詳しい弁護士と相続税を専門としている税理士に相談することで、遺言書作成と同時に相続税の節税対策などもできます。これも遺言書をきちんとつくるメリットです。

遺言の種類とメリット・デメリット

　遺言書というとテレビドラマや小説に登場する遺言状のようなイメージをお持ちの方もいるかと思いますが、相続における遺言書は法的に強い効力があり、法定相続分よりも優先して適用されます。

　相続人の将来を左右するほどの重要性があるため、作成方法についても法律によって厳格に規定されており、間違った方法で作成した遺言書については、発見されたとしても「無効」になってしまう恐れがあります。

　第2章にも記しましたが、遺言書には自筆証書遺言・公正証書遺言・秘密証書遺言の3つの種類があり、それぞれ作成方法や相続発生後の流れが異なるため、事前にメリット、デメリットを理解したうえで選ぶことが重要です（70ページ参照）。

（1）直筆で作成する自筆証書遺言

　最も手軽に作成できる遺言書としてよく用いられるのが自筆証書遺言です。自筆証書遺言とは、ご本人の直筆で作成する遺言書のことで、思い立ったその場ですぐに作成できることが大きなメリットとなります。書式についても特に指定はないため、手元にある紙を使って直筆で書き、それを遺言書とすることも可能です。

　ただし最低限守らなければならないルール（記載事項等の要件）があり、それを満たさないと無効となる恐れがあることはデメリットとして捉えられます。

　自筆証書遺言は、原則としてすべてにおいてご本人が直筆で記載する必要があります。

　遺産の種類が少ない場合は問題ないのですが、不動産や有価証券などを複数保有している場合は、それらの詳細な情報である「財産目録」についても、すべて直筆で書かなければならなかったため、ご高齢の方にとってはかなりの負担となっていました。

　しかし、このほどの法改正により、自筆証書遺言の原則すべて直筆で作成するという規定が緩和されることとなりました。

財産目録は直筆が免除される

　遺言書の内容のうち、対象財産の詳細な情報を記載する部分である財産目録については、直筆に代えて、次のような方法で作成してもよいことになりました。

・パソコンで入力して印刷したもの
・不動産登記簿謄本のコピー
・預貯金通帳のコピー
・他人による代筆

　これらの方法で作成し、すべての紙面にご本人が署名捺印することで、直筆での記載が免除されます。

　ご高齢の方が遺言書を書く際に、不動産を複数所有していると、地番など詳細な情報をすべて手書きで書かなければならなかったため、自筆証書遺言を作成する大きな障害となっていました。

　今後は、財産目録の部分について直筆が免除されますので、とても便利になるでしょう。ただし、所定の箇所に署名捺印が必要になるなど、一定の要件は満たす必要がありますので、確実な遺言を作成するためには、弁護士に相談されることをお勧めします。

ここを間違うと無効扱いになる
（147 ページ参照）

・日付を正確に記載しなければならない

　例えば、遺言書を書く際には、必ず遺言書を作成した年月日を正確に記載する必要がありますが、たまに1月吉日というような表現で書いてしまうケースが見受けられます。これだと遺言書を作成した年月日が正確に特定できず、無効として扱われるため注意しましょう。

・署名捺印をしなければならない

　遺言書を書いたら、必ず最後に署名と捺印をします。捺印については実印である必要はありませんが、認印を利用すると偽造や変造の疑いをかけられる可能性がありますので、基本的には実印で捺印した方が望ましいでしょう。捺印漏れがあると、遺言書は無効になってしまいます（財産目録を除く）。

・直筆で記載しなければならない

　自筆証書遺言については、その名の通りご本人の直筆で書くことが条件となっているため、他人の代筆は認められません。また、パソコンで打ち出して印刷した遺言書についても無効として取り扱われます。

　自筆証書遺言は最初から最後まですべて直筆で書くことを条件に、複雑な手続きを省いているので、作成する際には上記条件を正確に満たす必要があります。

（2）最も確実性の高い公正証書遺言

　公正証書遺言は公証役場で作成する遺言書で、遺言内容を伝えて公証人（元裁判官など）に作成してもらうため、非常に確実性の高い遺言書です。

　秘密証書遺言と違い、内容を公証人が確認して署名捺印し、原本を公証役場で保管するため、記載事項の不備による無効、偽造、変造、隠蔽などのリスクがなく、相続発生後に遺言書の無効確認の訴えを起こされることも少なくなります。

　実際、自筆証書遺言や秘密証書遺言については、相続発生時に不備が発覚して無効になることは決して少なくはありません。

　対して、公正証書遺言であれば、相続発生後、家庭裁判所での検認手続きが不要で（ただし、自筆証書遺言も法務局で保管される場合は検認不要となります）、発見後すぐに遺言書を執行できるため、確実かつスムーズな遺産分割につながることが期待できます。

　弁護士に依頼する方のほとんどは公正証書遺言を残しています。多少費用はかかりますが、リスクを回避するためにも確実性の高い公正証書遺言を当事務所でもお勧めしています。

（3）内容を秘密にできる秘密証書遺言

　その名前の通り、遺言書の内容を他人に知られたくない場合に作成するのが、秘密証書遺言です。

　自筆証書遺言との大きな違いは、直筆で書く必要がないという点です。パソコンで入力したものを印刷しても有効なので、直筆で書くのが面倒という方には適しているかもしれません。

　ただし、遺言書ができあがったら公証役場に持ち込んで、公証人等に署名捺印をもらわなければなりません。そのため、一定の費用がかかるのと、作成日当日に証人2名を連れていく必要がありますので、その部分で手間がかかります。

2 遺言執行者を指定する

● 遺言内容を確実かつスムーズに実現するためには「遺言執行者」を指定しておくのが有効

● 遺言執行者は他の相続人から協力を得られなくても単独で手続きができる

● 未成年と破産者以外であれば誰でも遺言執行者として指定することができる

遺言執行者（遺言執行人）とは？

　遺言内容を確実かつスムーズに実現するためには「遺言執行者」を選任しておくことが有効と考えられ、当事務所でも遺言書作成の際には遺言執行者を指定することをお勧めしています。

　遺言執行者とは、遺言書に書かれている内容を実現するために、単独で手続きを進める権限を与えられた人のことをいいます。わかりやすく表現すると、遺産相続の手続きにおける責任者と考えるといいかもしれません。

遺言執行者は他の相続人から協力を得られなくても単独で手続きができる

　遺産相続の事前対策として遺言書を残しておけば、相続発生後については相続人が遺産分割協議をすることなく、スムーズに手続きができるというメリットがあります。

　ただし、それは遺言書の内容に相続人が理解を示している場合です。

　例えば、「すべての財産を長男に相続させる」といった内容の遺言書が残されている場合であれば、次男が手続きに協力しない可能性も考えられます。

　遺言執行者がいない場合については、すべての相続人が協力し合って遺産の名義変更などの手続きをする必要があります。そのため、上記のように遺言書に反対する相続人がいるようなケースでは、手続きが進まなくなってしまう可能性が考えられます。

　そこで、遺言書で遺言執行者を指定しておくと、他の相続人の協力が得られな

くても、単独で手続きを進めることができます。

遺言執行者ができることは？

　遺言執行者を指定している場合については、次のような手続きについて、遺言執行者が単独で進めることができます。

・戸籍謄本などの収集
・相続財産の調査
・不動産相続の名義変更登記（相続登記）
・預金口座の解約手続き、払い出し
・株式等有価証券の名義変更手続き
・相続財産の売却手続き

遺言執行者がいる場合に限定された手続きとは？

　遺言書で遺言執行者を指定することは、相続手続きをスムーズに進めるというメリットの他にも、下記のような遺言執行者がいる場合に限定された手続きも可能になるというメリットがあります。

・相続人の廃除

　生前に被相続人を虐待したり、重大な侮辱をしたような相続人については、遺言書で指定することで相続人から廃除することができます。相続人の廃除は生前でも可能ですが、関係悪化を考慮される場合は、遺言書の中で相続人を廃除することも可能です。

　ただし、相続人の廃除の手続きについては遺言執行者でなければできないため、相続廃除を検討している場合は、必ず遺言執行者の指定が必要になります。

・遺言認知

　隠し子などの婚外子については、父親が認知しなければ父親の相続人になることはできません。認知は生前にすることもありますが、生前に認知をすると家族関係に軋轢を生む可能性もあるため、遺言書で認知をすることも可能です。遺言認知についても、遺言執行者を指定しなければなりません。

遺言執行者になれるのは？

　遺言執行者については、特段の資格は必要ないので、未成年と破産者以外であれば誰でも指定することが可能です。相続人のうちの1人を遺言執行者として指定することも可能ですが、現実的には公平性がなくなることを他の相続人が懸念することもあるため、できれば第三者で専門家である弁護士に依頼した方がよいでしょう。

3 遺言信託を利用する

遺言信託を利用することのメリットとは?

遺産相続の事前対策である遺言信託という方法をご存知でしょうか。初めて聞いたという方については、ぜひこれを機会に相続対策として検討してみていただきたい手段の一つです。

遺言信託の2つの意味

一般的に言われている遺言信託には、実は2つの意味があり、それぞれ内容が異なります。

・相続手続きの代行としての遺言信託

遺言書の作成から相続発生後の遺言執行など、遺言書に関わる相続手続きを依頼することを遺言信託といい、信託銀行や法律事務所などが遺言関連のサポート業務として行っているものです。この場合の遺言信託では、信託銀行など信託を受けた専門家が遺言書の作成から相続発生後の各種事務手続きまでトータルでサポートします。

・信託法としての遺言信託

遺言書によって、財産を信託することも遺言信託といいます。信託というと、信託銀行に信託するイメージがありますが、近年ではご家族に信託する「家族信託」を利用する人も増えてきているようです。

相続手続きの代行としての遺言信託のメリット

遺言書は遺産相続において非常に強い効力がありますが、遺言書の内容を実

現するためには、遺言執行者がいない場合は相続人全員が一丸となって手続きをしなければなりません。

ところが、遺言書の内容に好意的ではない相続人がいた場合については、名義変更手続きなどの協力が得られず、手続きが遅れてしまうことがあります。

遺言信託を利用すれば、相続の専門家を遺言執行者として指定するなどして、遺言執行者が単独で遺言書に沿って手続きを進めることが可能です。

遺言信託を利用した方がよいケース

次のようなケースについては、遺言信託をご利用いただくことで、相続発生後の紛争を予防することができます。

・相続人以外の人に遺贈するケース

遺産を相続できるのは原則として相続人だけですが、遺言書で遺贈することで相続人以外の人にも財産を譲ることが可能です。ただし、このようなケースでは相続人からの反発も予想されます。

・相続廃除や認知をするケース

遺言書によって相続廃除や認知をしたい場合については、遺言執行者の指定が必須条件となっています。

・遺留分を侵害するケース

一部の相続人に多くの財産を残す内容の遺言書を作成すると、他の相続人の遺留分という保護された取り分を侵害してしまう可能性があります。

4 事業承継対策を行う

ここをチェック!

● 中小企業経営者ならば事業承継対策も考えておく必要がある

● 事業承継対策をしないまま相続が発生すると会社が混乱する可能性がある

● 生前の事業承継と相続発生後の事業承継とでは対策は大きく異なる

経営者なら忘れてはならない事業承継

中小企業を経営されている方は、通常の相続対策と併行して「事業承継対策」も考えていく必要があります。適切な対策がとられていないと、相続が発生したときに経営の引継ぎがスムーズにいかないことはもちろん、必要以上の税金が課税されてしまう恐れもあります。

事業承継対策とは

中小企業の経営者が亡くなられて相続が発生しますと、会社を誰が引き継いで経営していくのかという問題が生じます。特に中小企業の場合は経営者個人に意思決定権が大きく依存していることが多いため、事業承継対策をしないまま相続が発生してしまうと、その後に混乱してしまうことも予想されます。

事業承継対策とは、会社の事業そのものを承継させる準備をすることで、主に次のような要素があります。

【後継者の選定・育成】

事業承継をするには、承継する相手となる「後継者」を決めて従業員の理解を求めるとともに、後継者としての教育、引継ぎを行っていくなど、必要な準備を早めから行っておくことが重要です。

後継者については、経営者の相続人から選ぶ以外にも、社内の人間を昇格させて後継者としたり、事業自体を売却（M&A）するといった選択肢もあります。

【株価対策】

　事業承継とはすなわち株式の承継でもあります。中小企業の多くは、経営者に株式が集中しているため、事業承継対策を検討する際には、株式をどのように移転させるのかについて事前に検討が必要です。

　中小企業の株式については、会社の業績状況に応じて株価の評価額が変わってくるため、相続が発生した際にたまたま会社の業績が良すぎると、株式を相続する後継者に対して多額の相続税が課税されるおそれがあります。

　株式については、株価が落ち着いているうちに、生前のタイミングで後継者に譲渡するといった方法をとることで、相続税を節税するとともに、相続発生後の混乱を防止するといった効果があります。

　事業承継対策は税金面への影響がとても大きいので、会社経営の観点と税務上の観点の両方を見据えたうえで対策を講じることがとても重要です。

　また、事業承継にはいろいろな方法があるので、個別のケースに応じてベストな対策は異なってきます。生前に事業承継するのと、相続発生後に事業承継するのとでも対策は大きく異なります。

5 生前から相続税対策を行う

● 生前から相続税対策を行うには相続に詳しい専門家に依頼する方か確実
● 基本的な方法としては、生前贈与をする、贈与税の特例を利用する、生命保険を活
　用する、などがある

相続に詳しい税理士などに相談を

　相続税対策については、税制が変わることが多く、専門家でなければ個別の事
情に合った適切な対策は難しいため、相続に詳しい税理士などに相談することを
お勧めします。

　とはいえ、一般的に相続税対策として考えられる方法をいくつかご紹介してお
きます。

【生前贈与を行う】

①暦年課税贈与

　年110万円の基礎控除を利用する方法です。毎年少しずつ贈与して、相続財
産を減らします。申告の必要もありません。

②相続時精算課税贈与

　最大2,500万円までの贈与については贈与時に贈与税がかからず、その分は
相続時に相続財産と合わせて「相続税」として精算します。

　この制度を使うメリットは、後で相続税を計算するときは、その時点での評価
額ではなく、贈与したときの評価額を用いることです。後で評価額が上がること
が想定される財産などを先に渡しておくわけです。

　デメリットとしては、この制度を一度使うと、年110万円まで非課税となる暦年
課税贈与は使えなくなることです。

③妻に自宅を贈与する（暦年課税贈与の配偶者控除）

　婚姻20年以上経っている妻に自宅（あるいは購入資金）を贈る場合は、暦年

課税贈与の 110 万円に加えて、最大 2,000 万円が非課税になります。ただし、この制度を使えるのは 1 回だけです。

④家賃収入のある建物を贈与する

収益物件を子供などに贈与すると、その家賃が子供の収入になり、財産を減らすことができます。

【生命保険を活用する】

前述のように（41 ページ）、法定相続人の人数× 500 万円が非課税となるメリットがあります。

【孫を養子にして法定相続人を増やす】

法定相続人が増えると基礎控除が増えるので相続税が下がり、また、相続税を一代飛ばせるというメリットがあります。

ただし、法定相続人に含めることができる人数は実子がいるときは 1 人まで。実子がいないときは 2 人までです。

また、養子の孫に課税される相続税は 2 割加算されます。

相続に備えたエンディングノート

【基本的な情報】

名前 _____ 旧姓 _____

生年月日 _____

血液型 _____

現住所 _____

本籍地 _____

自宅の電話番号 _____

携帯電話の番号 _____

ロック解除のパスワード _____

携帯電話用メールアドレス _____

メールのログインパスワード _____

パソコン用のメールアドレス _____

ロック解除のパスワード _____

メールのログインパスワード _____

マイナンバー

基礎年金番号

その他の加入保険　種類と番号

健康保険証　種類と番号

運転免許証番号

【利用している SNS とパスワード】

【登録している各有料会員サービスとパスワード】

【預金口座のある銀行と口座番号 / キャッシュカードの暗証番号】

【クレジットカード会社　カード番号とパスワード】

【取引のある証券会社】

【所有している非上場株式】

【所有している不動産】

【その他の財産】

【貸付金の詳細と相手の連絡先】

【借金の詳細と相手の連絡先】

【遺言書の有無】

作成日

保管場所

相談した弁護士・司法書士など

遺産分割に関する意向・相続に関してご家族へ伝えたいこと

【孫、祖父母、甥姪ぐらいまでの家系図　・配偶者の親族含む】

＊別に作成してわかるように保存しておきましょう。　保管場所

【主なご家族、親族、ごく親しい友人・知人の連絡先】

【通院している病院と持病】

【利用している介護サービス】

【判断能力がなくなったときの意向　延命治療、介護】

【葬儀に関する希望】

_____

_____

_____

_____

_____

【墓についてご家族に伝えておくべきこと、寺や宗派、自然葬の希望など】

_____

_____

_____

_____

_____

_____

_____

_____

_____

主な参考文献

『相続後に必要な届出と手続き』（辻・本郷 税理士法人 編著、東峰書房）

『身近な人が亡くなった後の手続のすべて』（児島明日美 , 福田真弓 , 酒井明日子 著、自由国民社）

『図解 身内が亡くなった後の手続きがすべてわかる本 2020 年版』（曽根恵子 監修、扶桑社）

『身近な人が亡くなった後の手続きがわかる本』（三才ムック）

『家族が亡くなったらしなければならない手配と手続き』（北秀継 , 岡﨑正毅 , 岡﨑麻美 監修、主婦の友社）

＊国税庁、日本年金機構、厚生労働省、国民生活センター、生命保険文化センター、日本消費者協会、大阪市等自治体などのサイト

監修

弁護士法人 四ツ橋総合法律事務所

相続・事業承継の分野を中心に幅広い業務に取り組み、ワンストップのリーガルサービスを提供するため税理士など他士業とも連携し、セミナー・勉強会を精力的に開催している。また、様々な企業・高齢者施設と提携し、これまで培った知識・経験を生かして社会全体が正しい相続の知識を習得するための活動にも取り組んでいる。

【大阪オフィス】

〒550-0003　大阪府大阪市西区京町堀 1 丁目 4-22 肥後橋プラザビル 2 階

TEL:06-6441-5055

URL:https://www.yotsubashi-law.com/

【堺オフィス】

〒590-0077　大阪府堺市堺区中瓦町 1 丁 1-21 堺東八幸ビル 302 号室

TEL:072-222-2203

URL:http://www.sakai-higashi-law.com/

著者

植松 康太（うえまつ こうた）

弁護士。1983 年生まれ。2005 年関西大学法学部卒業。2007 年関西学院大学法科大学院司法研究科修了。同年司法試験合格。2008 年弁護士登録。2012 年、弁護士法人四ツ橋総合法律事務所を設立。官公庁、銀行、病院、介護施設、大学等で数多くの講演を行うとともに、大手葬儀会社とも連携しこれまで様々な相続問題を解決している。

井筒 　壱（いづつ はじめ）

弁護士。1980 年兵庫県神戸市生まれ。2003 年横浜国立大学経済学部卒業。2007 年関西学院大学法科大学院司法研究科修了。同年司法試験合格。2008 年大阪弁護士会に登録し、大阪市内の法律事務所に入所。2012 年に独立し、弁護士法人四ツ橋総合法律事務所を設立。大阪府を中心に、銀行、不動産会社等主催の相続セミナーの講師を多数務める。

相続・遺産分割の手引き

2020 年 7 月 29 日　初版第 1 刷発行

監修　　　弁護士法人 四ツ橋総合法律事務所
著者　　　植松康太

　　　　　井筒　壱
発行者　　鏡渕　敬
発行所　　株式会社 東峰書房
〒 150-0002　東京都渋谷区渋谷 3-15-2
電話　03-3261-3136
FAX　03-6682-5979
URL　https://tohoshobo.info/
装幀・デザイン　　塩飽晴海
印刷・製本　　　　株式会社 シナノパブリッシングプレス
©Yotsubashi Law Office　2020
ISBN 978-4-88592-205-3 C0032
Printed in Japan